Josef Högemann

Dampflokomotiven auf der Teutoburger Wald-Eisenbahn

Eisenbahn-Tradition e. V.

Inhalt

Die Geschichte der Teutoburger Wald-Eisenbahn
4   Erste Projekte
4   Bau und Eröffnung der TWE
6   Vering & Waechter übernimmt die Betriebsführung
8   Die TWE unter Federführung der Allgemeinen Deutschen Eisenbahn-Gesellschaft (ADEG)
11 Die Deutsche Eisenbahn-Gesellschaft (DEG) als Nachfolgerin der ADEG
17 Schwierige Jahre für den Schienenverkehr zwischen Ibbenbüren und Hövelhof
20 Die Teutoburger Wald-Eisenbahn heute

Die Entwicklung des historischen Zugbetriebs
21 Das Ende des Dampfbetriebs auf der TWE
21 Bundesbahn-Dampflokomotiven vor Militärzügen
24 Der Weg zum regelmäßigen historischen Zugverkehr
26 Mit der preußischen P8 (Lok 38 1772) durch das Tecklenburger Land
28 Die Reichsbahn-Güterzuglok 50 3655
30 Weitere Vereinsziele

Historische Lokomotiven und Wagen der „Eisenbahn-Tradition"
32 Dampflok 38 1772
36 Dampflok 50 3655
40 Was wären die Dampflokomotiven ohne einen passenden Zug?
42 Wagen 33 621 „Hamburg"
43 Wagen 14 102 „Hamburg"
43 Wagen 72 607 „Wuppertal"
44 Wagen 98 290 „Münster"
45 Wagen 105 221 „Köln"
45 Wagen 36 240 „Münster" und 36 421 „Hannover"
46 Wagen 83 751 „Essen" und 85 025 „Münster"
46 Wagen 27 230 „Münster"
47 Wagen 98 090 „Münster"
48 Wagen 117 „Münster"
48 Wagen 37 001 „Münster" und 37 002 „Münster"
48 Unsere Güterwagen
52 Sitzpolster aus Belgien

54 **Mit Dampf in den Teutoburger Wald**

Herausgegeben in Zusammenarbeit mit dem

Verlag Kenning – Hermann-Löns-Weg 4, D-48527 Nordhorn, Tel. 05921/76996, Fax 05921/77958

ISBN 3-927587-33-8

Titelfoto: Für das sonntägliche Fahrtenprogramm ab Gütersloh Nord wird der historische Dampfzug jeweils in den frühen Morgenstunden von Lengerich nach Gütersloh überführt. Am 1. September 1991 war die P8 bei Marienfeld unterwegs.
Seite 1: Die Dampflokomotiven der Vereinigung „Eisenbahn-Tradition e.V." im Bahnhof Lengerich-Hohne am 31. Dezember 1993.
Rückseite: Sonderzug Lengerich-Hohne – Gütersloh Nord bei Harsewinkel am 29. August 1992.
                                                                                                        Fotos: Josef Högemann

Vorwort

Als am 1. November 1900 auf der ersten Teilstrecke der Teutoburger Wald-Eisenbahn (TWE) von Gütersloh bis Laer (Bez. Osnabrück) der Betrieb eröffnet wurde, stellte dies für das Gebiet Ostwestfalen und besonders für die Gemeinden, die damit an das Netz der damaligen Staatsbahnen angeschlossen wurden, ein bedeutendes Ereignis dar. Der Bau dieser Bahn war ein mutiges und vorausschauendes Unternehmen und, wie wir heute feststellen können, ein richtiger und wichtiger Schritt für die Verkehrserschließung dieses Siedlungsraums. Ohne Schienenstrang hätte dieses Gebiet wohl kaum seine heutige gesunde Struktur.

In den vielen Jahren ihres Bestehens gab es für die TWE außer an „Halt"-zeigenden Signalen keinen Halt. Dem Stand der Technik entsprechend hat sie in der „guten alten Zeit" ihre Züge mit Dampflokomotiven gefahren, setzte später für die Personenzüge moderne Triebwagen ein und fährt jetzt ihre Güterzüge mit leistungsfähigen Diesellokomotiven. Der Personenverkehr wird seit 1978 ausschließlich auf der Straße abgewickelt.

Heute präsentiert sich die Teutoburger Wald-Eisenbahn als ein modernes Verkehrsunternehmen, und dennoch kommt die Tradition nicht zu kurz. Dafür sorgen die historischen Dampfzüge der Vereinigung Eisenbahn Tradition e.V.

Wir wünschen allzeit eine gute Fahrt und immer genügend Dampf im Kessel.

Die Betriebsleitung
der Teutoburger Wald-Eisenbahn

TWE
TEUTOBURGER WALD-EISENBAHN-AG

Die Geschichte der Teutoburger Wald-Eisenbahn

Erste Projekte

Gegen Ende des vergangenen Jahrhunderts war der Bau überregionaler Eisenbahnlinien weitgehend zum Abschluß gekommen. Im Bereich des Teutoburger Waldes hatte das neue Verkehrsmittel im Jahr 1847 durch den Bau der privaten Cöln-Mindener Eisenbahn Einzug gehalten. Sieben Jahre später berührte der Schienenstrang der Hannoverschen Staatsbahn die Ausläufer des Teutoburger Waldes bei Ibbenbüren. Als im Jahr 1871 die Hamburg-Venloer Eisenbahn den Teutoburger Wald bei Lengerich durchschnitt, blickten die abseits gelegenen Ortschaften mit Neid auf die Nachbarschaft mit eigenem Bahnhof. In der Tat war eine bevorzugte wirtschaftliche Entwicklung durch die Eisenbahn nicht zu übersehen und so wurden vielerorts Stimmen laut, die den Bau von Zweiglinien forderten.

Die Preußische Staatsregierung stand den Eisenbahnwünschen der vielen kleinen Gemeinden zunächst sehr verschlossen gegenüber, versprach der Bau sogenannter „Sekundärbahnen" doch kaum eine nennenswerte Rendite. So ist die 1886 eröffnete Preußische Staatsbahnstrecke Osnabrück – Bielefeld in erster Linie als eine Verbindung zwischen zwei größeren Städten zu sehen. Dennoch leistete der „Haller Wilhelm" einen Beitrag zur allgemeinen Verkehrserschließung, brachte er doch zahlreichen Ortschaften westlich des Teutoburger Waldes den lang ersehnten Eisenbahnanschluß.

Einen beträchtlichen Aufschwung für das Eisenbahnwesen in der Region brachte schließlich das preußische Kleinbahngesetz von 1892. Es ermöglichte den Bau äußerst sparsam geführter Bahnen, die selbst in dünn besiedelten Landstrichen eine gewisse Wirtschaftlichkeit erwarten ließen.

Für Nord- und Ostwestfalen kamen bald darauf verschiedene Eisenbahnprojekte ins Gespräch. Unter anderem wollte man eine Privatbahn von Neubeckum über Warendorf nach Dissen mit Anschluß an die Linie Osnabrück – Bielefeld bauen. Etwa gleichzeitig wurde eine Linie von Ibbenbüren bzw. Rheine über Lengerich nach Dissen projektiert, die ebenfalls an den „Haller Wilhelm" anschließen sollte. Hauptinitiatoren des zuletzt genannten Vorhabens war die Zement- und Kalkindustrie im westlichen Teutoburger Wald, die für die Abfuhr ihrer Produkte dringend ein zuverlässiges und schnelles Verkehrsmittel benötigte. Um die Eisenbahnfrage voranzubringen, hatte sich eine Kommission zur „Erbauung der Teutoburger Wald-Eisenbahn" gebildet. Nach einigem Hin und Her wurde der Endpunkt der Bahn schließlich auf Versmold festgelegt, nachdem die Stadt Gütersloh den Bau einer Nebenbahn über Harsewinkel nach Versmold in Aussicht gestellt hatte. Ein Zeitungsausschnitt der Osnabrücker Zeitung vom 5. Oktober 1895 vermeldete folgendes:

„Das Eisenbahnprojekt, welches von Gütersloh aus über Versmold, Glane, Iburg, Lienen, Lengerich, Brochterbeck und Ibbenbüren, eventuell über Riesenbeck und Hörstel, eine direkte Verbindung zwischen dem Teutoburger Walde und Ibbenbüren oder dem Dortmund-Ems-Kanal herstellen will, war wiederum Gegenstand einer Versammlung, die vorgestern Nachmittag unter Vorsitz des Herrn Rechtsanwalts Fisch, Tecklenburg, im Hotel Schaumburg hier tagte."

Bau- und Eröffnung der TWE

Nach Abschluß der gesetzlich vorgeschriebenen Vorarbeiten stand im August 1897 die Trassenführung der Teutoburger Wald-Eisenbahn weitgehend fest. Die Gesamtlänge der Bahn sollte, nachdem das Projekt über einen Kanalanschluß bei Saerbeck oder Bevergern hinaus bis Rheine ausgedehnt worden war, genau 97,68 km betragen. Die zu veranschlagten Baukosten lagen bei etwa 6 Millionen Mark, die durch den Verkauf von Aktien aufzubringen waren. Wenig später kam es zu Verstimmungen mit der Stadt Rheine, die ihren finanziellen Beitrag plötzlich von unakzeptablen Bedingungen abhängig machte. Neben einem Ausnahmetarif für bestimmte Güter wollte Rheine Direktionssitz der Teutoburger Wald-Eisenbahn werden. Um nicht das ganze Projekt in Gefahr zu bringen, wurde das westliche Streckenende kurzerhand nach Ibbenbüren verlegt; der Anschluß an den Dortmund-Ems-Kanal sollte über eine Seitenli-

Rechts: Stimmungsvolle Aufnahme eines TWE-Güterzugs mit Zuglok 271 bei Lienen im März 1956.
Foto: R. Busch

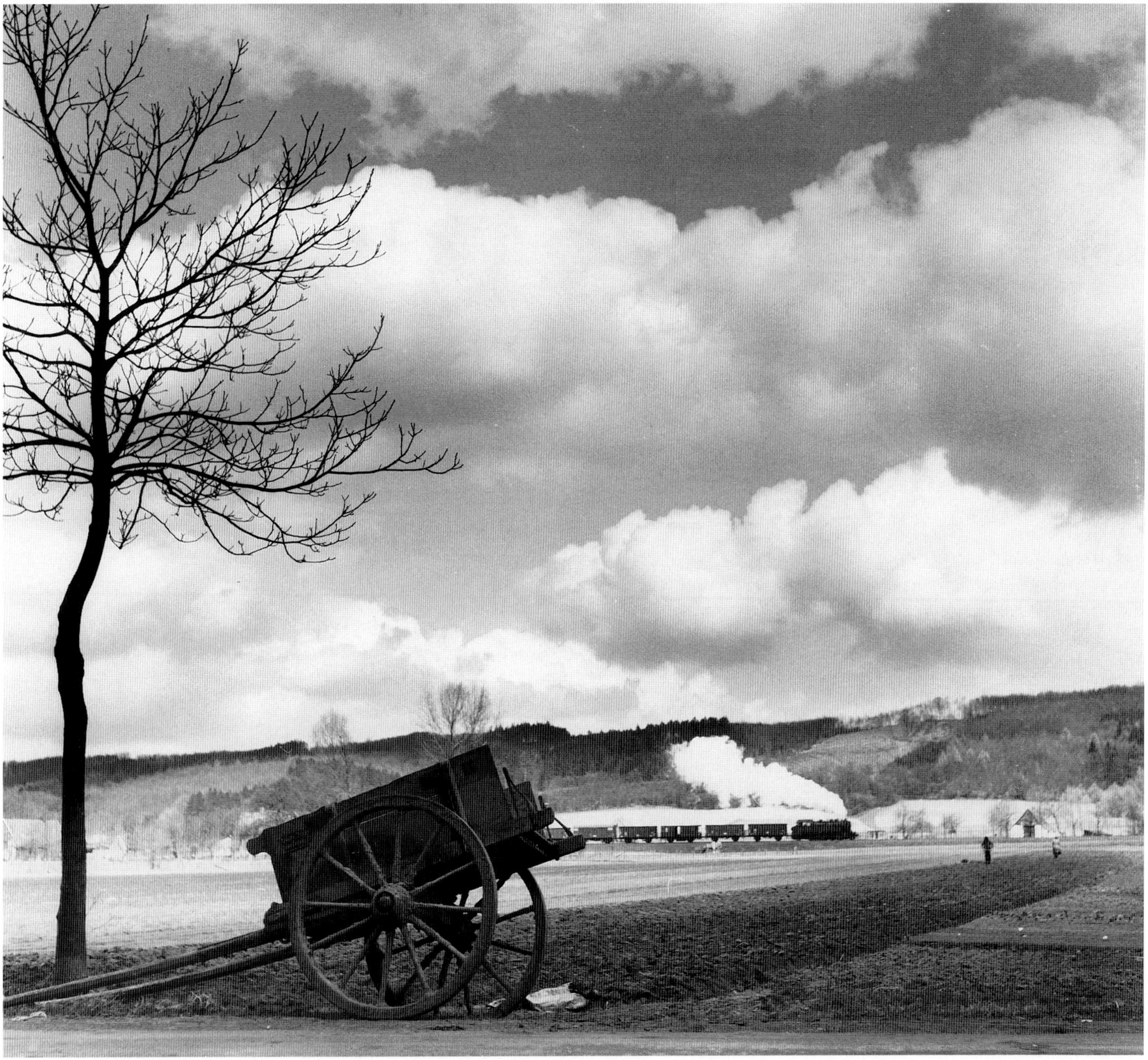

Kurz nach Eröffnung des nördlichen Streckenabschnitts Laer – Ibbenbüren wurde dieser Zug an der Haltestelle Bocketal aufgenommen. Die Bahnstation gibt es schon lange nicht mehr, das Haus im Hintergrund aber steht noch heute.
Foto: Ibbenbürener Volkszeitung

nie von Brochterbeck über Dörenthe hergestellt werden.

Am 17. Juni 1899 wurde im Hotel Kaiserhof in Münster die Teutoburger Wald-Eisenbahn Aktiengesellschaft mit einem Stammkapital von 5 Millionen Mark gegründet, nachdem zwei Monate zuvor, am 19. April 1899, die erforderliche Bau- und Betriebskonzession erteilt worden war.

Im Auftrag der Firma Vering & Waechter, dem zukünftigen Betriebsführer der Teutoburger Wald-Eisenbahn, wurde im September 1899 mit den Bauarbeiten begonnen. Das relativ ebene Gelände im Südteil der Strecke bereitete keine nennenswerten Schwierigkeiten, so daß schon am 1. November 1900 der Zugverkehr zwischen Gütersloh und Laer aufgenommen werden konnte. Die Fertigstellung der Gleisanlagen und Hochbauten in Nordabschnitt nahm dagegen erheblich mehr Zeit in Anspruch und konnte erst im Juli 1901 abgeschlossen werden. Die Betriebsaufnahme zwischen Laer und Ibbenbüren wie auch auf der Seitenlinie von Brochterbeck zum Hafen Saerbeck am Dortmund-Ems-Kanal erfolgte am 19. Juli 1901.

Noch während der Arbeiten zum Bau des Nordabschnitts trat eine Erweiterung der Teutoburger Wald-Eisenbahn über Gütersloh hinaus in Richtung Paderborn in die konkrete Phase. Man erhoffte sich durch den Anschluß an die ebenfalls in Planung befindliche preußische Nebenbahn Brackwede – Paderborn eine deutliche Belebung des Verkehrs. Ferner ließ sich auf diese Weise die stark landwirtschaftlich geprägte Region südlich von Gütersloh verkehrsmäßig besser erschließen. Nach Konzessionserteilung durch das Ministerium für öffentliche Arbeiten konnte im Sommer 1902 mit den Baumaßnahmen begonnen werden. Die Eröffnung der 24,6 km langen Strecke erfolgte am 19. April 1903.

Vering & Waechter übernimmt die Betriebsführung

Nach einem am 26. September 1899 abgeschlossenen Betriebsvertrag übernahm das Berliner Eisenbahnbau- und Betriebsunternehmen Vering & Waechter zunächst für eine Dauer von zehn Jahren pachtweise die Teutoburger Wald-Eisenbahn. Der Fahrplan sah in den Anfangsjahren ausschließlich gemischte Züge vor, die sowohl dem Personen- als auch dem Güterverkehr dienten. Das häufige Rangieren auf den Unterwegsbahnhöfen kostete viel Zeit, so daß eine Reise von Gütersloh nach Laer durchaus 2 1/2 Stunden erforderte. Die Höchstgeschwindigkeit betrug 35 km/h. Der Güterverkehr erfolgte von Anfang an im Wechselbetrieb mit der Staatsbahn, somit hatte die Teutoburger Wald-Eisenbahn den größten Teil ihres Güterwagenbestandes in den Fuhrpark der Staatsbahn einzustellen. Für den Betriebsdienst standen dreiachsige Naßdampflokomotiven zur Verfügung, von denen die Firma Borsig bis 1913 insgesamt zehn Exemplare geliefert hatte. Zwei weitere zweiachsige Maschinen versahen Rangierdienste in Gütersloh und Lengerich. Auch sie stammten von Borsig und waren vermutlich bereits bei den Bauarbeiten zwischen Gütersloh und Laer im Einsatz.

Nach anfänglicher Zurückhaltung liefen sowohl der Reise- als auch der Güterverkehr gut an. Die Industrie- und Handwerksbetriebe entlang der Strecke erkannten bald die Vorzüge des neuen Verkehrsmittels und so mußten schon im ersten Betriebsjahr mehrere Gleisanschlüsse angelegt werden. Trotz dieser erfreulichen Entwicklung klagte die Geschäftsführung der TWE schon im 2. Geschäftsjahr über Wettbewerbsschwierigkeiten mit der Preußischen Staatsbahn. Die Königlich Preußische Eisenbahn-Verwaltung (KPEV) versuchte mit allen Mitteln, den Durchgangsgüterverkehr von der TWE fernzuhalten, in den die Privatbahn größte Hoffnungen gesetzt hatte. Erst durch langwierige Verhandlungen ließ sich dieses Problem nach 1908 weitgehend entschärfen; dennoch spielte die Staatsbahn auch in späteren Jahren alle Möglichkeiten aus, die Konkurrenz durch andere Bahnen möglichst klein zu halten.

Im Jahr 1910 verlegte die Teutoburger Wald-Eisenbahn ihren Direktionssitz von Tecklenburg nach Gütersloh, wo er sich noch heute befindet. Gleichzeitig wurde der Betriebsvertrag mit der Firma Vering & Waechter um weitere zehn Jahre verlän-

Am 7. August 1956 rollte die Lok 161 mit einem Güterzug mit Personenbeförderung bei Brochterbeck bergab in Richtung Lengerich.   *Foto: S. Overbosch*
Unten: Typischer TWE-Personenzug der 50er Jahre im Bahnhof Lengerich-Hohne am 10. August 1952 (mit Lok 223).   *Foto: H.J. Sievers*

Das technisch nicht ganz einwandfreie Foto der Lok 174 vor einem Personenzug bei Lengerich Stadt ist eine besondere Rarität. Trotz strengen Fotografierverbots hatte der niederländische Eisenbahnfreund S. Overbosch im März 1939 den Mut, auf den Auslöser zu drücken. Unten: Kurzgüterzug mit Lok 223 bei Varensell im Frühjahr 1960; für das Rangierpersonal läuft ein dreiachsiger Pachwagen mit. *Foto: Eckehard Frenz*

gert. Das ständig wachsende Verkehrsaufkommen, vor allem im Güterverkehr, erforderte zunehmende Investitionen für die Erweiterung der Bahnanlagen und auch für die Anschaffung neuer Fahrzeuge.

Ende des Jahres 1912 stiegen die TWE-Aktien plötzlich und unerwartet. Es kam diesbezüglich zu allerlei Spekulationen: Man sprach von einer bevorstehenden Übernahme der Bahn in Staatseigentum, während sich andererseits die Elektrizitätswerke Westfalen um eine Übernahme des Bahnbetriebs bemüht hatten. Trotz aller Unsicherheiten verblieb die Bahn auch weiterhin im Betrieb der Firma Vering & Waechter.

Zwei Jahre später hatte der 1. Weltkrieg begonnen. Während der Mobilmachung mußte auch die Teutoburger Wald-Eisenbahn mit einem stark verminderten Personalbestand auskommen. Demzufolge trat am 4. August 1914 ein besonderer Kriegsfahrplan in Kraft, der in beiden Richtungen nur noch jeweils zwei Züge für den gemischten Verkehr vorsah. Der ohnehin schwache Personenverkehr zum Hafen wurde damals aufgegeben und später nicht wieder aufgenommen.

Die TWE unter Federführung der Allgemeinen Deutschen Eisenbahn-Gesellschaft (ADEG)

Anfang des Jahres 1915 geriet die Betriebsführerin Vering & Waechter in finanzielle Schwierigkeiten und sah sich gezwungen, einen Teil des Aktienbesitzes abzustoßen, um wenigstens einige der von ihr betriebenen Bahnen halten zu können. Ende August 1915 trat das Unternehmen seine mittlerweile verpfändeten Aktien mit einem Wert von 1.800.000 Mark an die

„Allgemeine Deutsche Eisenbahn-Gesellschaft" (ADEG) ab. Damit war der Pachtvertrag vorzeitig erloschen. Die Betriebsführung ging am 1. Oktober 1915 offiziell auf die ADEG über.

Nach dem Betriebsführungswechsel änderte sich zunächst nur wenig. Der Fahrplan war infolge des noch andauernden Krieges weiterhin eingeschränkt. Es verkehrten während des Winterfahrplans 1915/16 auf den einzelnen Teilstrecken durchschnittlich vier gemischte Züge.

Nach dem Krieg erreichte das Verkehrsaufkommen schnell wieder den Vorkriegsstand, auch wenn der Zugverkehr infolge Kohlenmangel weiterhin eingeschränkt war. Der dringende Bedarf an neuen Lokomotiven konnte zunächst nur durch den Ankauf gebrauchter Fahrzeuge gedeckt werden. Mit zwei alten 1'B-Naßdampfmaschinen konnten die C-Kuppler aus der Gründerzeit jedoch kaum nennenswert entlastet werden. Erst durch Anlieferung von zwei vierachsigen Henschel-Lokomotiven ließ sich die angespannte Triebfahrzeugsituation einigermaßen entschärfen.

Der nächste Rückschlag für die Teutoburger Wald-Eisenbahn brachte die französische Besetzung des Ruhrgebiets im Jahr 1923. Die dadurch hervorgerufene Wagenknappheit, verbunden mit ständigem Kohlenmangel, führte zu erheblichen Einschränkungen. Zeitweise kam der Zugverkehr fast vollständig zum Erliegen.

Die folgenden Jahre waren für die Teutoburger Wald-Eisenbahn mit beträchtlichen Veränderungen verbunden. Neben der Tatsache, daß Reise- und Güterverkehr wieder deutlich ansteigende Tendenzen aufwiesen, wurde endlich mit der längst fälligen Verstärkung der Gleisanlagen auf das Schienenprofil der preußischen Form VI (33 kg/m) begonnen. Ferner wurde die bis dahin übliche Gleisbettung in Kies

Hochbetrieb im Bahnhof Lengerich Hohne im Sommer 1961: Während Lok 271 vor einem Güterzug auf Ausfahrt wartet, versieht die Lok 161 den Rangierdienst. Von Ibbenbüren nähert sich ein Güterzug mit Lok 174.   *Foto: Eckehard Frenz*
Unten: Vor dem Bahnhof Brochterbeck wartet im Sommer 1958 ein vom Hafen Saerbeck kommender Güterzug auf Einfahrt. Damals herrschte auf der Hafenstrecke noch reger Betrieb.
        Foto: Eckehard Frenz

Im November 1964 ist die schwere 1E1-Lok 271 mit einem langen Güterzug bei Lienen unterwegs. Die vielen Rungenwagen sind für den Bahnhof Harsewinkel bestimmt, wo damals in Spitzenzeiten bis zu 80 Güterwagen pro Tag mit Produkten des Landmaschinenherstellers Claas abgefertigt wurden. Foto: Reinhard Todt

oder Sand schrittweise auf Schotterbettung umgestellt. Größte Baumaßnahme dieser Zeit war jedoch der neue Bahnhof Gütersloh Nord, der im Zusammenhang mit dem viergleisigen Ausbau der Hauptbahn Minden – Hamm erforderlich geworden war. Im Jahr 1925 konnte die neue Bahnhofsanlage in Betrieb genommen werden.

Die ständig schwerer werdenden Züge verlangten neue Betriebsmittel. In den Jahren 1923 und 1927 wurden fünf fabrikneue Lokomotiven von den Firmen O & K und Henschel beschafft wurden, die auf der TWE das Zeitalter der Luftdruckbremse einleiteten. Da jedoch der gesamte Fahrzeugpark eine derartige Einrichtung nicht besaß, begann die TWE sogleich mit dem Umbau aller Lokomotiven und Wagen.

Ende der 20er Jahre machte sich erstmals die Konkurrenz des Kraftverkehrs bemerkbar. Um weiterhin konkurrenzfähig zu bleiben, waren erhebliche Mittel für den Bau zeitgerechter Verladeanlagen aufzubringen. Obwohl die TWE ab 1928 den Personenverkehr weitgehend unabhängig vom Güterverkehr betrieb, ließ er sich nicht wie gewünscht beschleunigen. Dafür sorgte die noch immer geltende Höchstgeschwindigkeit von nur 35 km/h sowie der schwerfällige und aufwendige Dampfbetrieb. Die TWE entschloß sich daraufhin im Jahr 1935 zum Ankauf eines zweiachsigen Triebwagens, um schwach besetzte Dampfzüge zu ersetzen. Ferner wurden im Bereich von Gütersloh neue Haltestellen eingerichtet. Diese dienten vor allem den Berufspendlern und Schülern.

Der Güterverkehr erreichte Ende der 30er Jahre Spitzenwerte mit mehr als 700.000 Jahrestonnen. In diese Zeit fällt auch der Bau des Gütersloher Militärflughafens, der durch ein Anschlußgleis mit den Anlagen der TWE verbunden wurde. Über dieses Gleis wurden während des 2. Weltkriegs große Mengen Kriegsgüter befördert.

Der am 1. September 1939 begonnene 2. Weltkrieg machte sich anfangs nur durch einen Mangel an Personal und Güterwagen bemerkbar. Gleichzeitig lief der Verkehr auf Hochtouren, so daß 1940 nochmals zwei fabrikneue Henschel-Lokomotiven beschafft wurden. Um den Fahrdienst aufrechterhalten zu können, zwangen personelle Gründe zu Einschränkungen in der Unterhaltung von Fahrzeugen und Bahnanlagen. Oberbauerneuerungen fanden nur noch in ganz beschränktem Rahmen statt. Im Jahr 1944 nahmen die Luftangriffe ständig zu. Betroffen waren in erster Linie die Übergabebahnhöfe Lengerich und Gütersloh, aber auch der Dortmund-Ems-Kanal. Fahrende Züge auf der

*Begegnung im Bahnhof Lengerich Hohne Pbf im Mai 1965: Der VT 51 im Vordergrund ist in Richtung Ibbenbüren unterwegs, während der VT 20 Gütersloh Nord zum Ziel hat.
Foto: Eckehard Frenz*

TWE-Strecke wurden immer wieder beschossen. Ab 1945 kam es zu zeitweiligen Betriebspausen, da das Streckengleis im Bereich von Lengerich und Gütersloh mehrfach durch Bombenangriffe unterbrochen war. Besonders ernst wurde die Lage, als die Reichsbahnstrecken Münster – Bremen und Minden – Hamm zeitweise nicht mehr befahrbar waren. In solchen Fällen wurden Reichsbahngüterzüge auch über die TWE-Strecke umgeleitet.

Am 23. März 1945 wurde während eines Bombenangriffs ein großer Teil des Bahnhofs Gütersloh Nord zerstört. Unter anderem erlitt das Empfangsgebäude erhebliche Schäden. In der Nacht zum 1. April 1945 erreichten amerikanische Verbände die TWE bei Verl, woraufhin sämtliche Zugfahrten eingestellt wurden. Am nächsten Tag war der Krieg im Bereich des Teutoburger Waldes beendet.

Die Deutsche Eisenbahn-Gesellschaft (DEG) als Nachfolgerin der ADEG

Wenige Tage nach der Besetzung wurde notdürftig mit der Wiederinstandsetzung der Bahnanlagen begonnen. Ab Mitte April fuhren erste Versorgungszüge zwischen Gütersloh Nord und Hövelhof. Die mit Reichsbahnlokomotiven bespannten Güterzüge sorgten später auch für den Abtransport demontierter Industrieanlagen. Am 23. Mai 1945 nahm die TWE den Zugverkehr in zunächst bescheidenem Rahmen wieder auf.

Nach Kriegsende war die in Berlin ansässige Allgemeine Deutsche Eisenbahn-Gesellschaft (ADEG) durch die veränderten politischen Verhältnisse gezwungen, ihre Aufgaben an die (westdeutsche) Deutsche Eisenbahn-Gesellschaft (DEG) zu übertragen.

Wie bei fast allen anderen Bahnen in Deutschland herrschte während der Mangeljahre nach dem Krieg ein enormer Personenverkehr. Viele Menschen aus den hungernden Städten fuhren aufs Land, um Wertgegenstände gegen Nahrungsmittel zu tauschen („Hamsterverkehr").

Anfang der 50er Jahre normalisierte sich die Lage wieder. Personen- und Güterverkehr hatten in etwa wieder den Vorkriegsstand erreicht. Angesichts der raschen Motorisierung in Westdeutschland und der sich dadurch verschärfenden Konkurrenz begann die konsequente Umstellung auf Triebwagenverkehr. Zunächst wurden gebrauchte Fahrzeuge beschafft, unter anderem auch eine Hälfte eines nicht mehr in die Türkei gelieferten Schnelltriebwagens. Im Güterverkehr fuhren dagegen weiterhin Dampflokomotiven, da entsprechend leistungsfähige Dieselfahrzeuge noch nicht verfügbar waren. Zur

Beschleunigung des Güterverkehrs wurden gebrauchte Lokomotiven anderer Bahnverwaltungen übernommen, so zum Beispiel drei 1C1-Heißdampflokomotiven aus Beständen der Deutschen Reichsbahn, die zuvor der Eutin-Lübecker Eisenbahn gehört hatten. Später kamen weitere Maschinen hinzu. Die schwerste und stärkste Dampflok, die die TWE jemals besaß, stammte von der Westerwaldbahn und wurde im Jahr 1955 in den Bestand übernommen.

Der Zwang zur Rationalisierung und Modernisierung des Bahnbetriebs ließ in den 50er Jahren einen Umbau der Gütersloher TWE-Bahnanlagen in die Diskussion kommen. Ziel dieses leider nicht verwirklichten Projekts war die Aufgabe des Kopfbahnhofs Gütersloh Nord zugunsten eines Durchgangsbahnhofs. Dieses Vorhaben scheiterte ebenso an der Kostenfrage, wie der Plan einer Güterzugstrecke von Hasbergen nach Brochterbeck, mit deren Hilfe die Georgsmarienhütte bei Oesede einen direkten Zugang zum Dortmund-Ems-Kanal erhalten sollte. Der Hafen spielte noch in den 50er Jahren eine wichtige Rolle für die TWE, wurden hier doch große Mengen Kohle der Ibbenbürener Zeche auf Binnenschiffe verladen. Erst Anfang der 60er Jahre begann mit der Verlagerung des Kohleumschlags auf den neuen Hafen am Mittelland-Kanal bei Ibbenbüren-Esch der allmähliche Bedeutungsverlust des Hafens.

Der Rückgang des Umschlagbetriebes am Hafen wurde durch steigendes Frachtaufkommen anderer Kunden zunächst weitgehend aufgefangen. Zunehmend an Bedeutung gewann für die TWE der Landmaschinenhersteller Claas in Harsewinkel mit schon damals weit über 100.000 t Frachtaufkommen pro Jahr. Zu einem weiteren Standbein entwickelte sich der Durchgangsverkehr zwischen den DB-Rangierbahnhöfen Emden bzw. Rheine und Paderborn. Dazu wurden allerdings keine besonderen Durchgangsgüterzüge eingesetzt, sämtliche Wagenladungen liefen in regulären Güterzügen.

Im Personenverkehr setzte ab Mitte der 50er Jahre ein stetiger Abwärtstrend ein, bedingt durch eine starke Abwanderung zum Individualverkehr. Diese Entwicklung war auch mit Fahrplanverbesserungen und anderen Maßnahmen nicht mehr in den Griff zu bekommen. So sah sich die Teutoburger Wald-Eisenbahn – wie viele andere Privatbahnen auch – zur schrittweisen Umstellung auf den Kraftverkehr gezwungen. Ab 25. September 1966 wurden erstmals zwischen Gütersloh und Versmold schwach frequentierte Züge durch Busse ersetzt. Im Jahr darauf, zum Sommerfahrplan 1967, wurde der Sonntagsverkehr auf der Schiene vollständig eingestellt und zahlreiche Züge an Werktagen gestrichen. Mit Beginn des Sommerfahrplans am 25. Mai 1968 endete schließlich der gesamte Schienenpersonenverkehr zwischen Ibbenbüren und Versmold, lediglich im Südabschnitt Versmold – Hövelhof verblieben wenige Züge für den Berufs- und Schülerverkehr. Gleichzeitig trat die Teutoburger Wald-Eisenbahn ihre Konzession für den Abschnitt Ibbenbüren – Versmold an die Verkehrsbetriebe Kreis Tecklenburg ab.

Betriebsnummer		Bauart	Hersteller	Baujahr	Fabr.-Nr.	Bemerkungen
TWE	DEG/ADEG					
1	--	C-n2t	Borsig	1900	4793	1931 ausgemustert
2	--	C-n2t	Borsig	1900	4794	1933 ausgemustert
3	--	C-n2t	Borsig	1900	4795	1933 ausgemustert
4	--	C-n2t	Borsig	1900	4796	1931 ausgemustert
5	--	B-n2t	Borsig	1899	?	1920 verkauft
6	--	B-n2t	Borsig	1899	?	1920 verkauft
7	23	C-n2t	Borsig	1899	4792	1903 gekauft, 1946 an Eisenbahn Bremen - Thedinghausen
8	--	C-n2t	Borsig	1902	5106	1935 ausgemustert
9	31	C-n2t	Borsig	1905	5560	1950 an Kleinbahn Beuel - Großenbusch
10	32	C-n2t	Borsig	1908	6905	1952 an Kleinbahn Kaldenkirchen - Brüggen
11	33	C-n2t	Borsig	1913	7877	1954 an Firma DEA in Heide
12	34	C-n2t	Borsig	1913	8726	1954 ausgemustert
13	--	1'B-n2t	HANOMAG	1891	2323	1918 ex Preußische Staatsbahn, 1928 ausgemustert
--	36	1'B-n2t	Humboldt	1903	168	1938 ex Moselbahn, 1942 an Oderbruchbahn
14	171	D-h2t	Henschel	1920	17366	1952 an Farge-Vegesacker Eisenbahn
15	172	D-h2t	Henschel	1920	17367	1952 an Farge-Vegesacker Eisenbahn
16	173	D-h2t	O & K	1923	9699	1954 ausgemustert
17	174 (1)	D-h2t	O & K	1923	9670	1940 an Niederlausitzer Eisenbahn
18	151	1'C-h2t	Henschel	1927	20817	1956 an Kiel-Segeberger Eisenbahn
19	152	1'C-h2t	Henschel	1927	20818	1956 an Kleinbahn Kaldenkirchen - Brüggen
20	153	1'C-h2t	Henschel	1927	20819	1954 an Eisenbahn Neheim-Hüsten - Sundern
--	154	1'C-h2t	Henschel	1940	24917	1954 an Kleinbahn Kaldenkirchen - Brüggen
--	155	1'C-h2t	Henschel	1940	24918	1954 an Kleinbahn Bielstein - Waldbröl
--	174 (2)	D-h2t	HANOMAG	1921	9761	1952 ex Farge-Vegesacker Eisenbahn, 1967 ausgemustert
--	175	D-h2t	HANOMAG	1921	9765	1954 ex Eisenbahn Altona - Kaltenkirchen - Neumünster, 1958 ausgemustert
--	176	D-h2t	HANOMAG	1921	9737	1954 ex Eisenbahn Altona - Kaltenkirchen - Neumünster, 1963 ausgemustert
--	161	1'D-h2t	Henschel	1924	20415	1953 ex Farge-Vegesacker Eisenbahn, 1967 ausgemustert
--	162	1'D-h2t	Henschel	1925	20597	1953 ex Farge-Vegesacker Eisenbahn, 1968 ausgemustert
--	221	1'C1'-h2t	Henschel	1924	20325	1946 ex Deutsche Reichsbahn (75 631), 1967 ausgem.
--	222	1'C1'-h2t	Henschel	1926	20657	1946 ex Deutsche Reichsbahn (75 632), 1969 ausgem.
--	223	1'C1'-h2t	Henschel	1929	21341	1946 ex Deutsche Reichsbahn (75 634), 1970 an Farge-Vegesacker Eisenbahn
--	261	1'D1'-h2t	Krupp	1934	1423	1961 ex Kleinbahn Frankfurt - Königstein, 1966 zurück an Kleinbahn Frankfurt - Königstein, (DEG-Lok)
--	271	1'E1'-h2t	Jung	1940	8680	1955 ex Westerwaldbahn, 1968 an Farge-Vegesacker Eisenbahn

Oben links: In den Anfangsjahren wurde der Zugverkehr auf der TWE ausschließlich mit dreiachsigen Lokomotiven abgewickelt. Die Lok 33 stammt aus dem Jahr 1913 und stand bis Anfang 1954 in Dienst.   *Foto: Hermann Ott (Sammlung Overbosch)*

Oben rechts: Im Jahr 1923 lieferte die Firma O & K die vierachsige Lok 173 an die Teutoburger Wald-Eisenbahn. Eingesetzt wurde die Maschine vorwiegend von Lengerich aus im Güterverkehr.   *Foto: Hermann Ott (Sammlung Högemann)*

Unten links: Die Modernisierung des Lokparks leiteten im Jahr 1927 drei fabrikneue ELNA-Lokomotiven von Henschel ein. Damit begann bei der TWE gleichzeitig das Zeitalter der Druckluftbremse.   *Foto: S. Overbosch*

Unten rechts: Die drei von der Deutschen Reichsbahn übernommenen 1C1-Lokomotiven mit den TWE-Betriebsnummern 221-223 trugen bis zum Ende des Dampfbetriebs die Hauptlast im Güterverkehr. Die 221 schied im Jahr 1967 als erste aus dem Betriebsbestand.   *Foto: Hermann Ott (Sammlung Overbosch)*

Die modernste Lok im Bestand der TWE ist derzeit die dieselelektrische VE 152. Am 18. Oktober 1989 war sie der Einsatzstelle Gütersloh Nord zugeteilt und hatte u.a. den morgentlichen Güterzug nach Harsewinkel West, dem Verladebahnhof des Landmaschinenherstellers Claas, zu befördern. Der Güterbahnhof wurde mitsamt der 3,1 km langen Anschlußbahn im Jahr 1966 in Betrieb genommen.   *Foto: Josef Högemann*

Mit einer Leistung von 4.000 PS war die V 320 die stärkste Lok der Teutoburger Wald-Eisenbahn. Als Baumuster für eine leistungsfähige sechssachsige Streckenlok stand sie viele Jahre lang im Dienst der Deutschen Bundesbahn und gelangte 1989 über die Hersfelder Eisenbahn zur TWE. Als Zuglok vor schweren Stahlzügen leistete die Maschine gute Dienste, wie hier am 20. August 1989 im Bahnhof Iburg. Nach Ablauf der Untersuchungsfristen wurde sie im Frühjahr 1992 abgestellt.
Foto: Josef Högemann

Der verbliebene Schienenpersonenverkehr zwischen Versmold und Hövelhof hatte kaum noch nennenswerte Bedeutung, und es ist erstaunlich, daß das stark eingeschränkte Zugangebot bis zum Sommerfahrplan 1977 beibehalten wurde. Ein letzter lokbespannter Personenzug zwischen Hövelhof und Gütersloh verkehrte sogar noch bis Oktober 1978.

Mit der Einstellung des schienengebundenen Personenverkehrs war die TWE zu einer reinen Güterbahn geworden. Noch im Jahr 1966 hatte eine Neubaustrecke nach Harsewinkel West dem Landmaschinenhersteller Claas einen Bahnanschluß gebracht, so daß der verkehrsbehindernde Transport der immer größer werdenden Mähdrescher zum Bahnhof Harsewinkel endlich aufgegeben werden konnte. Damals hatte die Bahn noch ein ausreichendes Güteraufkommen aufzuweisen, das ab 1968 fast ausschließlich mit Diesellokomotiven abgewickelt wurde.

Begonnen hatte die Umstellung auf Dieseltraktion bereits im Jahr 1959 durch den leihweisen Einsatz einer V36-ähnlichen Diesellok (V 41) der Kleinbahn Kaldenkirchen-Brüggen. Die dreiachsige Lok war für den schweren Streckendienst jedoch nur wenig geeignet und versah häufig Rangierdienste in Lengerich Hohne. Ab 1962 folgten weitere vierachsige MaK-Stangenlokomotiven mit Leistungen zwischen 600 und 1.200 PS. Bis auf eine Ausnahme waren sie gebraucht von anderen Bahnen übernommen worden. Erst durch den Ankauf von drei fabrikneuen MaK-Drehgestellokomotiven mit einer Leistung von 1.300 PS im Jahr 1968 konnte der Dampfbetrieb vollständig aufgegeben werden.

Mit Volldampf durch den Hövelhofer Wald im April 1970. Foto: Eckehard Frenz

*Mit vierachsigen stangengekuppelten Lokomotiven der Firma MaK begann die Ablösung der Dampftraktion. Die V 65 stammte von der Ahaus-Enscheder Eisenbahn.
Foto: Ludger Kenning*

Schwierige Jahre für den Schienenverkehr zwischen Ibbenbüren und Hövelhof

Die ständig zunehmende Konkurrenz auf der Straße ließ das Güteraufkommen allmählich sinken. Mehrere Kunden hatten sich inzwischen ganz von der Bahn abgewandt oder aber ihren Versand über die Schiene drastisch eingeschränkt. Ab Mitte der 70er Jahre ging es deutlich bergab. Der Güterverkehr zum Hafen Saerbeck war inzwischen fast vollständig zum Erliegen gekommen, nachdem 1975 der Betonsteinversand der Firma Dyckerhoff aufgegeben worden war. Einen weiteren Rückschlag verursachte der Bau einer Treibstoff-Pipeline zum NATO-Flugplatz Gütersloh, wonach die lukrativen Flugzeugbenzin-Transporte über Ibbenbüren entfielen.

Ende der 70er Jahre leitete die Deutsche Bundesbahn Maßnahmen zur Aufgabe der Rangierbahnhöfe Rheine und Paderborn ein, die bislang noch immer für einen erheblichen Durchgangsgüterverkehr gesorgt hatten. Im Jahr 1981 wurden die Übergabebahnhöfe Ibbenbüren und Hövelhof geschlossen. Die Bedienung der Teilstrecke Ibbenbüren Ost – Versmold erfolgte nun über Lengerich, während der Wagenaustausch für den südlichen Abschnitt zwischen Versmold und Hövelhof auf Gütersloh Nord konzentriert wurde.

Damit war die TWE-Strecke zwischen Harsewinkel und Versmold praktisch ohne planmäßigen Zugverkehr.

Die genannten Maßnahmen führten schlagartig zu einem drastischen Rückgang des Verkehrsaufkommens. Besonders die Flügelstrecken Lengerich Stadt – Ibbenbüren, Brochterbeck – Saerbeck Hafen und Verl – Hövelhof hatten nur noch einen geringfügigen Verkehr aufzuweisen. Auch wenn die Bundesbahn im Rahmen eines Interessenausgleichs die ab 1976 fallweise verkehrenden Stahlganzzüge Hanekenfähr (bei Lingen) – Paderborn sowie wenige Militärzüge nun durchgehend von TWE-Lokomotiven auch über Bundesbahngleise befördern ließ, bedeuteten die Leitungswegänderungen der DB doch einen empfindlichen Rückschlag für die Teutoburger Wald-Eisenbahn.

Trotz der unglücklichen Verkehrsentwicklung wurde die Erneuerung der TWE-Gleisanlagen konsequent durchgeführt. Bis auf wenige Abschnitte wurde inzwischen überall schweres Schienenmaterial der Formen S 49 und S 54 eingebaut. Aus-

*Der grundlegend modernisierte Triebwagen VT 03 aus dem Jahr 1925 steht der TWE seit 1982 als Schleppfahrzeug für leichte Güterzüge zur Verfügung. Gelegentlich wird er aber auch von Firmen, Vereinen usw. für Sonderfahrten gechartert. Im Sommer 1985 war er bei Tecklenburg unterwegs.
Foto: Ludger Kenning*

Mit äußerster Kraftanstrengung zieht die ölgefeuerte Bundesbahnlok 043 364 am 8. Februar 1975 einen schweren niederländischen Militärzug über die steigungsreiche TWE-Strecke bei Bocketal.
Foto: Josef Högemann

*Güterzug Harsewinkel West – Gütersloh Nord im Januar 1985 auf der Anschlußbahn zum Claas-Verladebahnhof. Den Zug führt die im Jahr 1967 gebaute Lok V 133.
Foto: Josef Högemann*

*Die drei Drehgestellokomotiven V 131-133 verdrängten die letzten Dampflokomotiven bei der TWE. Im Jahr 1978 überführte die V 132 einen Leerzug (aufgenommen bei Bad Laer).
Foto: Klaus Linek*

gewechselt wurde auch ein Großteil der alten Weichen. Mitte der 80er Jahre hatte sich der Zustand der kaum noch befahrenen Hafenstrecke soweit verschlechtert, daß eine Stillegung bevorstand. Daß es nicht zu einer vollständigen Betriebseinstellung gekommen ist, ist allein dem Bau einer Umschlagrampe für die Bundeswehr im Hafenbahnhof zu verdanken. In diesem Zusammenhang ist die Strecke Ende der 80er Jahre vollständig saniert worden.

Im Jahr 1982 wurde bisher letztmalig eine fabrikneue Diesellok in den Fahrzeugbestand eingestellt. Alle späteren Beschaffungsmaßnahmen waren Gelegenheitskäufe. Bemerkenswert war die Übernahme der V 320 von der inzwischen stillgelegten Hersfelder Kreisbahn, die mit einer Leistung von etwa 4.000 PS alles bisher Dagewesene übertraf. Der Ankauf dieser schweren Lok hatte durchaus gute Gründe, hatte sich doch die Zahl der Stahlzüge nach Stillegung des Paderborner Stahlwerks auf etwa 100 pro Jahr erhöht. Die bis zu 1.800 t schweren Güterzüge dienen dem internen Werksverkehr der Benteler Gruppe und erfordern stets leistungsfähige Triebfahrzeuge.

Die Teutoburger Wald-Eisenbahn heute

Neben einem umfangreichen Busbetrieb mit einer Vielzahl von Linien – vorwiegend im Gütersloher Kreisgebiet – betreibt die Teutoburger Wald-Eisenbahn weiterhin Güterverkehr auf der Schiene. Dabei zählen die Stahlzüge Hanekenfähr – Paderborn Nord, die auf der Gesamtstrecke mit TWE-Diesellokomotiven bespannt sind, sowie die Landmaschinenfabrik Claas und verschiedene Anschließer im Gütersloher Ortsbereich zu den wichtigsten Kunden der TWE. Mit werktäglich zwei bis drei eingesetzten Diesellokomotiven und jährlich etwa 250.000 t im Güterverkehr sind die Verkehrsleistungen gegenüber früheren Jahren bescheiden geworden. Vor diesem Hintergrund sind sowohl die Deutsche Eisenbahn-Gesellschaft in Frankfurt (DEG) als auch die örtliche TWE-Betriebsleitung bemüht, neue Kunden zu gewinnen, um mehr Fracht auf die Schiene zu bringen. Im Zusammenhang mit der Bahn-Reform zum Jahreswechsel 1993/94 ergeben sich auch für die zahlreichen nichtbundeseigenen Eisenbahnen in Deutschland möglicherweise völlig neue Perspektiven. Es bleibt abzuwarten, ob eine immer wieder in Aussicht gestellte Renaissance der Schiene tatsächlich Wirklichkeit wird. Sollte dies der Fall sein, wird zweifellos auch die Teutoburger Wald-Eisenbahn davon profitieren.

Triebwagen

Betr.-Nr.	Achsfolge	Hersteller	Baujahr	Fabr.-Nr.	Bemerkungen
VT 03	A-A	Wegmann	1925	35252	1981 ex Württembergische Nebenbahnen, im Dienst
VT 20	(1A)'-(A1)'	Esslingen	1951	23342	1957 ex Farge-Vegesacker Eisenbahn, 1968 ausgemustert
VT 21	(1A)'-(A1)'	Esslingen	1951	23341	1958 ex Farge-Vegesacker Eisenbahn, 1975 ausgemustert
VT 31	A-1	WUMAG	1935	21461	1967 ausgemustert
VT 42	(1A)'-(A1)'	Wismar	1938	20301	1966 ex Kleinbahn Neheim-Hüsten – Sundern, 1969 ausgem.
VT 51	(1A)'-(A1)'	WUMAG	1938	10270	1949 ex Deutsche Eisenbahn-Gesellschaft, 1967 ausgem.
VT 60	(1A)'-(A1)'	Esslingen	1952	23495	1966 ausgemustert
VT 61	(1A)'-(A1)'	Esslingen	1952	23494	1965 ex Rinteln-Stadthagener Eisenbahn, 1968 an Hohenzollerische Landesbahnen
VT 62	(1A)'-(A1)'	Esslingen	1952	23504	1964 ex Hildesheim-Peiner Kreisbahn, 1984 an Württembergische Eisenbahn Gesellschaft
VT 65	(1A)'-(A1)'	Esslingen	1953	23606	1975 ex Butzbach-Licher Eisenbahn, 1980 an Württembergische Eisenbahn Gesellschaft
VT 70	(1A)'-(A1)'	Talbot	1952	95069	1976 ausgemustert
VT 92	B-2'	MAN	1944	328501	Zughälfte eines für die Türkei bestimmten Schnelltriebwagens, 1948 für den Einsatz auf der TWE umgebaut, 1964 ausgemustert

Diesellokomotiven

Betr.-Nr.	Achsfolge	Hersteller	Baujahr	Fabr.Nr.	Bemerkungen
Köf 10	B	Schwartzkopff	1942	11680	1962 ex Fa. Eickens, Bremen, 1986 ausgemustert
Köf 11	B	Jung	1960	13218	1986 ex Deutsche Bundesbahn 323 850 (Köf 6780), im Dienst
V 22	B	Jung	1942	9582	ab 1962 zeitweise von DEG angemietet, 1970 ausgemustert
V 23	B	Schwartzkopff	1941	11392	1963 ex Filderbahn, 1970 ausgemustert
V 41	C	Esslingen	1953	5129	1959-68 ex Kleinbahn Kaldenkirchen – Brüggen angemietet
V 65	D	MaK	1958	600139	1967 ex Ahaus-Enscheder Eisenbahn, 1985 an Britische Rheinarmee
V 81	D	MaK	1958	800092	1964 ex Kiel-Segeberger Eisenbahn, 1978 an Rinteln-Stadthagener Eisenbahn
V 104	B'B'	LEW Hennigsdorf	1982	17728	1992 ex Firma EKO-Stahl in Eisenhüttenstadt, im Dienst
V 121	D	MaK	1960	1000018	1966 ex Hildesheim-Peiner Kreisbahn, 1978 an Wanne-Bochum-Herner Eisenbahn
V 123	D	MaK	1962	1000152	1981 nach Italien verkauft
V 131	B'B'	MaK	1968	1000255	im Dienst
V 132	B'B'	MaK	1968	1000256	im Dienst
V 133	B'B'	MaK	1968	1000257	1989 an Rinteln-Stadthagener Eisenbahn
VE 151	Bo'Bo'	Krupp/AEG	1964	4400	1981 ex Westfälische Landes-Eisenbahn, 1983 an Farge-Vegesacker Eisenbahn, (DEG-Lok)
VE 152	Bo'Bo'	MaK/BBC	1982	1000704	im Dienst
V 201	C'C'	KHD	1957	56500	1980 ex Regentalbahn, 1982 an Farge-Vegesacker Eisenbahn, (DEG-Lok)
V 216	B'B'	Krupp	1961	4.047	1989 ex Hersfelder Eisenbahn, 1990 an Württembergische Nebenbahnen, 1993 zurück an TWE, im Dienst
V 320	C'C'	Henschel	1962	30.400	1989 ex Hersfelder Eisenbahn, 1992 abgestellt

Die Entwicklung des historischen Zugbetriebs

Das Ende des Dampfbetriebs auf der TWE

Der planmäßige Einsatz von Dampflokomotiven endete bei der Teutoburger Wald-Eisenbahn Ende der 60er Jahre. Die beiden letzten Dampfloks (Nr. 222 und 223) wurden zunächst noch als Betriebsreserve vorgehalten, kamen aber nur noch selten zum Einsatz. Um den Dampfbetrieb bei der TWE nicht sang- und klanglos enden zu lassen, organisierten die Eisenbahnfreunde Hannover am 11. April 1970 eine offizielle Abschiedsfahrt mit der Lok 223, – eine der drei formschönen 1'C1'-Lokomotiven, die nach dem Krieg von der verstaatlichten Eutin-Lübecker Eisenbahn über die Deutsche Reichsbahn zur TWE gekommen waren. Mit vier alten TWE-Personenwagen und einem Packwagen wurde nochmals nahezu das gesamte Streckennetz befahren. Als der Zug am späten Nachmittag in Lengerich angekommen war, blickten die Eisenbahnfreunde der sich langsam in Richtung Bahnbetriebswerk entfernenden Lokomotive wehmütig nach. Wer konnte damals schon ahnen, daß nur vier Jahre später erneut Dampflokomotiven auf TWE-Gleisen fahren sollten.

Den Auftakt zu dieser neuen Ära machte eine weitere Sonderfahrt der Eisenbahnfreunde Hannover am 6. April 1974. Bei herrlichem Wetter reiste man in alten TWE-Personenwagen von Gütersloh Nord nach Lengerich, gezogen von einer Diesellok. Hier angekommen erwartete die ehemalige Zechenlok „Mevissen 4" der „Dampfeisenbahn Weserbergland" die Eisenbahnfreunde. Die Maschine war eigens zu diesem Zweck von ihrem Standort Bohmte zur TWE überführt worden. Die dreiachsige Dampflok zog den Sonderzug bis zum Hafen Saerbeck und anschließend zurück nach Tecklenburg, wo erneut eine TWE-Diesellok zur Weiterfahrt bereit stand.

Bundesbahn-Dampflokomotiven vor Militärzügen

Wenige Tage später dampfte es erneut auf der TWE. Im Schutz der Dunkelheit, von der Öffentlichkeit fast unbemerkt, zogen eine DB-Diesellok (V 200) und eine Dampflok der Baureihe 44 einen 1.800 t schweren Militärzug von Sennelager über Gütersloh, Lengerich, Ibbenbüren und Rheine nach Bentheim. Weitere Militärzüge folgten. Schon am nächsten Tag mußten die Lehrter 051 690 und die Ottbergener 044 672 in den Nachmittagsstunden ihre Leistungsfähigkeit unter Beweis stellen. Das Lokpersonal auf der 44er hatte die ihnen unbekannte neigungsreiche TWE-Strecke offenbar unterschätzt, denn wenige hundert Meter vor dem Bahnhof Iburg wäre der 1.400 t schwere Militärzug wegen Dampfmangel fast liegengeblieben.

Bis zum Frühjahr 1976 kam es immer wieder zu Dampflokeinsätzen auf TWE-Gleisen. Lokpersonale aus Rheine, Ottbergen, Hamm und Lehrte machten mit der

Die ehemalige Zechenlok „Mevissen 4" der Vereinigung „Dampfeisenbahn Weserbergland" war am 6. April 1976 im Rahmen einer Sonderfahrt für die Eisenbahnfreunde Hannover zu Gast auf der TWE. Im Bahnhof Brochterbeck wurde ein Fotohalt eingelegt.   Foto: Josef Högemann

Gemeinsam mit der Schnellzuglok 01 150 war unsere P8 am 23. Oktober 1983 im Teutoburger Wald bei Tecklenburg unterwegs.

*Im Sommer 1989 zog die schwere Güterzuglok 044 404 die historischen Sonderzüge auf der TWE, hier bei Müschen am 3. September 1989.
Fotos:
Josef Högemann*

ihnen fremden Bahn mit ihren Steigungen und zahllosen ungesicherten Bahnübergängen Bekanntschaft. Nicht gut gesonnen waren die Streckenverhältnisse dem Personal auf der ölgefeuerten Lok 042 226 vom Bw Rheine Anfang Mai 1975. Mit einem 1.200-t-Zug von Bentheim nach Sennelager quälte sich die Maschine kurz vor Mitternacht die Steigung bei Bocketal hinauf. Die schwere Last machte der relativ hochrädrigen Güterzuglok derart zu schaffen, daß der Zug schließlich vor Brochterbeck liegenblieb. Mehrere Anfahrversuche halfen nicht, den Militärzug wieder in Gang zu bringen. Schließlich kuppelte man einen Teil des Zuges ab und ließ diesen auf freier Strecke stehen. Mit dem vorderen Zugteil fuhr die Lok bis Lengerich-Hohne und stellte ihn dort ab. Anschließend wurde die zweite Zughälfte nachgeholt. Da die Dampflok durch die vorangegangenen Anfahrmanöver einen Großteil ihrer Wasservorräte verbraucht hatte, mußte ab Lengerich eine TWE-Diesellok Vorspannhilfe leisten.

Der Einsatz der Bundesbahnlokomotiven erfolgte im Zeitraum von April 1974 bis April 1976 zur Beheizung der jeweils mitgeführten Mannschaftswagen. Da die TWE-Diesellokomotiven dazu nicht imstande waren, wurde später ein besonderer Heizwagen gebaut. Folgende Dampflokomotiven befuhren die TWE neben Diesellokomotiven der Reihen 211, 212, 216, 220 und 290 im Militärverkehr:
042 052, 226, 241, 271, 320
043 109, 221, 364, 636, 681
044 210, 215, 540, 651, 652, 672
051 690
052 529

Rechts: Mit Volldampf nach Ibbenbüren! Lok 38 1772 nördlich von Bad Laer am 3. Dezember 1983. Foto: Josef Högemann

Mit dem Triebwagen VT 62 und zwei Personenwagen wurde der historische Zugverkehr im Sommer 1977 aufgenommen. Am 1. Juli 1978 war der Zug bei Brochterbeck unterwegs.
Foto: Ludger Kenning

Der Weg zum regelmäßigen historischen Zugverkehr

Mit dem endgültigen Aus des TWE-Schienenpersonenverkehrs am 31. Oktober 1978 hatten neben den beiden Triebwagen VT 62 und VT 65 auch die noch vorhandenen zweiachsigen Personenwagen ausgedient. Statt diese jedoch zu verschrotten oder zu verkaufen, verblieben sie zunächst betriebsfähig im TWE-Fahrzeugbestand. Immerhin zählte die TWE zu diesem Zeitpunkt zu den letzten nichtbundeseigenen Eisenbahnen, die noch über einen kompletten Personenzug für Sonderfahrten verfügten. Hiervon wurde in den folgenden Jahren auch reichlich Gebrauch gemacht. Für verschiedene Firmen, Stadtverwaltungen und Vereine waren sowohl die Triebwagen als auch die Personenwagen immer wieder im Einsatz. Die TWE-Betriebsleitung stand einer beschränkten Weiterverwendung dieser Betriebsmittel durchaus positiv gegenüber und stellte ihre Nutzung zumindest solange in Aussicht, wie keine größeren Instandsetzungsmaßnahmen zu erwarten waren.

Zu einer festen Einrichtung waren die Sonderzüge auf der TWE schon im Jahr 1977 geworden, als die Stadt Ibbenbüren an der TWE-Strecke in Höhe des neu geschaffenen Freizeitparks „Aasee" einen Bahnsteig errichten ließ. Gemeinsam mit dem Fremdenverkehrsverband Tecklenburg und der Teutoburger Wald-Eisenbahn wurde der „Teuto-Expreß" aus der Taufe gehoben und damit ein attraktives Angebot für den Fremdenverkehr geschaffen. Da zunächst nur eine geringe Nachfrage zu erwarten war, mietete der Fremdenverkehrsverband den Esslinger Triebwagen VT 62 für die sonnabendlichen Fahrten an. Alle Erwartungen wurden bald übertroffen und so mußte das Platzangebot durch den Einsatz zusätzlicher Personenwagen verstärkt werden. Schließlich aber reichte auch das nicht mehr aus. Ab 1978 kam daher eine TWE-Diesellok mit allen noch betriebsfähigen Personenwagen und einem der beiden Triebwagen zum Einsatz.

Den an vier bis fünf Samstagen mehrmals zwischen Bad Laer und Ibbenbüren pendelnden Sonderzügen fehlte eigentlich nur noch eines, nämlich eine Dampflok. Doch daran hatten weder der Fremdenverkehrsverband noch die TWE ein Interesse, zumal ein derartiges Fahrzeug bei der Teutoburger Wald-Eisenbahn nicht mehr zur Verfügung stand. Auch hatten die hohen Überführungskosten der im April 1974 eingesetzten „Mevissen 4" der Dampfeisenbahn Weserbergland ihre abschreckende Wirkung gezeigt.

Der sehnliche Wunsch nach einer Dampflok sollte sich aber viel schneller erfüllen als erwartet. Nach der Aufgabe der Dampftraktion bei der Deutschen Bundesbahn hatte die DB-Hauptverwaltung ein generelles Dampflokverbot auf ihren Gleisen erlassen. Damit waren verschiedene in Privatbesitz befindliche Dampflokomotiven arbeitslos. Dieses Problem stellte sich auch der Vereinigung „Eisenbahn-Kurier" (EK), in dessen Besitz sich die beiden Dampflokomotiven 24 009 und 24 083 befanden. Die beiden Schlepptenderlokomotiven waren erst einige Jahre zuvor betriebsfähig aus den Beständen der Deutschen Reichsbahn und der Polnischen Staatsbahnen für den Einsatz vor Sonderzügen auf DB-Strecken gekauft worden.

Nach längerer Abstellzeit kam die Lok 24 083 im September 1977 zur TWE, doch sie wurde vom EK zunächst nur in eigener Regie auf der TWE eingesetzt. Dem EK kam dabei der günstige Umstand entgegen, daß hier ein entsprechender Wagenpark vorhanden war.

Der Eisenbahn-Kurier entwickelte in den folgenden Jahren ein besonderes Verhältnis zur Teutoburger Wald-Eisenbahn. Bald folgte auch die zweite 24er, wonach

Im Februar 1980 hatte die 24 083 einen schweren Sonderzug von Ibbenbüren nach Gütersloh zu befördern. Der für den leichten Nebenbahnbetrieb konzipierten Lok wurde auf der Steigung bei Bocketal Höchstleistung abverlangt.
Foto: Ludger Kenning

Links: Erste Sonderfahrt nach der Wiederinbetriebnahme unserer P8 am 12. Mai 1983, aufgenommen in der Nähe von Harsewinkel.
Foto: Ludger Kenning

Mit der preußischen P8 (Lok 38 1772) durch das Tecklenburger Land

Der Dampfzugbetrieb auf der Teutoburger Wald-Eisenbahn entwickelte sich derart erfreulich, daß weitere Aktivitäten nicht ausblieben. Neben interessanten Sonderzügen (u.a. mit dem historischen Rheingoldzug) trat die schon seit längerem geplante Aufarbeitung einer seit sieben Jahren abgestellten preußischen P8 in die konkrete Phase. Dank unseres Vereinsmitglieds W. Greiffenberger, dem es 1975 gelungen war, die Maschine vor dem Schneidbrenner zu bewahren, wurde die 38 1772 im Dezember 1982 im Schlepp ei-

historische Dampfzüge zu einer festen Einrichtung wurden. Der Erfolg blieb nicht aus, von Jahr zu Jahr nahm die Zahl der Fahrgäste zu. Nach anfänglichem Zögern ließ ab 1980 schließlich auch der Fremdenverkehrsverband Tecklenburg seine Züge mit den Dampflokomotiven bespannen. Im gleichen Jahr erschien der nördliche Teil der TWE-Strecke wieder im DB-Kursbuch unter der Streckennummer 206. Ferner wurden weitere Personenwagen des EK zur Verstärkung des Platzangebots nach Lengerich überführt.

Rechts: Die Lokomotiven 01 150 und 38 1772 am 23. Oktober 1983 vor dem Lokschuppen in Gütersloh Nord. *Foto: Josef Högemann*

ner Diesellok nach Lengerich überführt. Nach einer grundlegenden Überholung konnte die P8 bereits im Mai 1983 als Ersatz für die inzwischen abgezogenen 24er wieder in Betrieb genommen werden.

Die Inbetriebnahme der 38 1772 fand in einem angemessenen festlichen Rahmen statt. Anläßlich der Jahrestagung des Bundesverbands Deutscher Eisenbahnfreunde (BDEF) zog die Lok gemeinsam mit der Schnellzuglok 01 150 einen langen Sonderzug der DB von Ibbenbüren nach Gütersloh.

Neben den heimischen TWE-Gleisen wurden in den Folgejahren auch andere Privatbahnen von der P8 befahren. Von einem solchen „Ausflug" zu Ostern 1987 kam die Maschine nach einer Entgleisung auf der Wutachtalbahn (Schwarzwald) schwer beschädigt nach Lengerich zurück. An einen Einsatz während der bevorstehenden Sommersaison 1987 war nicht mehr zu denken, so daß man sich nach einer anderen Dampflok umsehen mußte. Mit der Lok 24 009, einer alten Bekannten aus früheren Jahren, war schließlich eine geeignete Maschine gefunden.

Noch im gleichen Jahr wurde mit der mühevollen und kostenintensiven Wiederinstandsetzung der Lok 38 1772 begonnen. Neben erheblichen Fahrwerksschäden stellte sich bald heraus, daß der preußische Kastentender mit vertretbaren finanziellen Mitteln nicht mehr zu reparieren war. So sahen sich die Aktiven der EK-Nachfolgevereinigung „Eisenbahn-Tradition" schließlich gezwungen, die Maschine mit einem Wannentender zu kuppeln, der bis Anfang der 70er Jahre hinter einer P8 der DB gelaufen war. Auch wenn die Maschine dadurch viel von ihrem typisch preußischen Aussehen verloren hatte, bot sich nun eine neue P8-Variante, wie sie in den 50er und 60er Jahren auf vielen Bundesbahnstrecken zu beobachten war.

Anfang des Jahres 1988 stand die Lok erstmals wieder unter Dampf. Die Mühe hatte sich gelohnt, die unfallbeschädigte Maschine lief tadellos. Auch das sommerliche Fahrtenprogramm dieses Jahres wurde ohne größere technische Probleme absolviert. Inzwischen stand aber der Ablauf der Kesselfristen unmittelbar bevor. Nach der Eisenbahn-Bau- und Betriebsordnung hatte nach sechsjähriger Betriebszeit eine Hauptuntersuchung des Dampfkessels zu erfolgen. Hätten seinerzeit nicht die Nordrhein-Westfalen-Stiftung mit einer Summe von 22.000 DM sowie der Kreis Steinfurt geholfen, wäre die P8 wohl endgültig abgestellt worden.

Für die Sommersaison 1989 mußte mangels anderer Möglichkeiten die schwere dreizylindrige Güterzuglok 44 404 des Eisenbahn-Museums Darmstadt-Kranichstein auf der Teutoburger Wald-Eisenbahn aushelfen. Dem Darmstädter „Jumbo" bereitete das Sonderfahrtenprogramm nicht die geringsten Schwierigkeiten. Dafür aber hatte der Heizer kräftig zuzulangen, um den Kohlenhunger der

bei sonnigem Herbstwetter im Oktober 1983 dampft die 38 1772 durch den Teutoburger Wald bei Brochterbeck.   *Foto: Josef Högemann*

Der Streckenabschnitt Tecklenburg – Brochterbeck ist zweifellos der landschaftlich schönste im Verlauf der Teutoburger Wald-Eisenbahn. Attraktive Fotopunkte für den Eisenbahnfotografen fehlen ebensowenig wie lang anhaltende Steigungen. Im Oktober 1984 war unsere P8 mit einem Sonderzug bei Tecklenburg im Einsatz. Foto: Josef Högemann

Maschine zu stillen. Wir waren froh, als im Frühjahr 1990 wieder auf die wesentlich sparsamere P8 zurückgegriffen werden konnte. Mit einem Fotogüterzug verabschiedete sich die 44 404 am 28. April 1990 aus dem Teutoburger Wald, unterstützt durch die ölgefeuerte DB-Dampflok 41 360.

Nach der Wiederinstandsetzung der P8 konnte endlich mit der schrittweisen Restaurierung und Ergänzung des vereinseigenen Wagenparks begonnen werden. Durch günstige Gelegenheitskäufe wurden einige ehemalige zweiachsige Personenwagen der Reichsbahnbauart von der Bundesbahn erworben, die zuletzt als Bauzugwagen gedient hatten. In mühevoller Kleinarbeit wurden diese Fahrzeuge in den Zustand der 50er Jahre zurückversetzt bzw. befinden sich noch in Aufarbeitung. In einigen Jahren soll für den historischen Zugverkehr jeweils ein kompletter Personen- und Eilzug mitsamt Packwagen zur Verfügung stehen. Ergänzt wird der Wagenpark durch einige historische Güterwagen, die gegebenenfalls bei Fotogüterzügen Verwendung finden können.

Die Reichsbahn-Güterzuglok 50 3655

Mit einer vom Gesetzgeber verfügten Verkürzung des Untersuchungszeitraums für Dampflokomotiven von sechs auf maximal vier Jahre war die für 1996 geplante Hauptuntersuchung der Lok 38 1772 um zwei Jahre vorzuziehen. Damit war ein Einsatz der P8 bis spätestens 31. Dezember 1993 möglich. Die von der Deutschen Bundesbahn in den 60er Jahren vorgenommenen Umbauten (u.a. Einbau einer neuen Feuerbüchse, verschiedene Kesselteile usw.) waren in die Jahre gekommen, so daß ein Weiterbetrieb der Lok nicht ohne eine umfangreiche Hauptuntersuchung möglich war. Die damit verbundenen hohen Kosten und die Tatsache, daß zumindest für die Saison 1994 kurzfristig wieder auf eine Leihlok zurückgegriffen werden mußte, ließ den Gedanken aufleben, endlich eine zweite Dampflok zu beschaffen.

Die Gelegenheit dazu war günstig, bot die Deutsche Reichsbahn doch ihre letzten Dampflokomotiven der Baureihen 50^{35} und 52^{80} zum Kauf an. Nach einer eingehenden Inspektion verschiedener Maschinen fiel die Wahl auf die Chemnitzer Lok 50 3655, die zuletzt als stationäre Heizanlage gedient hatte. Im Reichsbahnausbesserungswerk Meiningen wurde das Fahrwerk komplettiert, bevor die Lok am 2. und 3. September 1992 nach Lengerich überführt wurde. Nach einer gründlichen Aufarbeitung sämtlicher Armaturen und Vervollständigung (es fehlten die Mischvorwärmeranlage, Luft- und Speisepumpe, Sandfallrohre, Schmierleitungen, Tacho, Windleitbleche, Teile der Lokbremse und manch andere Kleinigkeit) fand die

Ein Höhepunkt des Jahres 1990 war ein Fotogüterzug, der von den beiden Lokomotiven 44 404 und 41 360 zwischen Ibbenbüren und Iburg gefahren wurde. Die Steigung östlich von Brochterbeck bot am 28. April 1990 einen guten Fotostandpunkt.   *Foto: Josef Högemann*

Stimmungsvoll beschleunigt die P8 an einem kalten Wintertag ihren Zug nördlich von Niedick.
Foto: Josef Högemann

Abnahme durch den Loksachverständigen am 7. Juli 1993 statt. Ihre eigentliche Bewährungsprobe bestand die Güterzuglok kurz darauf bei der Beförderung eines schweren Stahlzuges zwischen Ibbenbüren und Iburg.

Seit Juli 1993 steht der „Eisenbahn-Tradition" nun eine zweite Dampflok zur Verfügung. Nach Fristablauf der P8 (Ende des Jahres 1993) wird die 50 3655 für einen Zeitraum von mindestens zwei Jahren die Dampfzüge über die Teutoburger Wald-Eisenbahn führen. Ob die Lok 38 1772 eines Tages wieder dampfen wird, hängt in erster Linie davon ab, ob die erforderlichen Mittel für die Aufarbeitung aufgebracht werden können.

Weitere Vereinsziele

Zunächst sei an dieser Stelle darauf hingewiesen, daß alle Mitglieder unserer Vereinigung ohne jegliche Vergütung arbeiten. Sämtliche Einnahmen aus dem Fahrkartenverkauf und der Bewirtschaftung des Bistrowagens fließen in die Aufarbeitung und Instandhaltung unserer Fahrzeuge. Ebenso sind Aufwendungen für Werbung, Betriebsstoffe, Streckenbenutzung usw. aufzubringen.

Die „Eisenbahn-Tradition" hat sich der Aufgabe gewidmet, auf privater Basis ein Stück Technik- und Kulturgeschichte vor dem Aussterben zu bewahren. Anstelle von „toten" Ausstellungsstücken in irgendeinem Museum sollen die der Nachwelt erhaltenen Lokomotiven und Wagen in voller Funktion dem Publikum vorgeführt werden. Verbunden ist damit auch die Hoffnung, daß die Eisenbahn als wichtiger Verkehrsträger wieder in das Bewußtsein der Bürger zurückkehrt; viele fahren in unseren historischen Zügen zum ersten Mal in ihrem Leben mit der Eisenbahn! Auch trägt der Sonderzugverkehr dazu bei, die Teutoburger Wald-Eisenbahn, auf der ansonsten nur noch Güterverkehr stattfindet, im Bewußtsein der Bevölkerung zu halten. Diese Bahn hat schließlich viele Jahre lang die wirtschaftliche Entwicklung der Region zwischen Ibbenbüren und Hövelhof nachhaltig gefördert.

Für die Zukunft hat sich unser Verein vorrangig folgende konkrete Ziele gesteckt:
- betriebsfähige Erhaltung von zwei Dampflokomotiven, der Lok 38 1772 (Baujahr 1915) und der 50 3655 (Baujahr 1942),
- betriebsfähige Erhaltung eines für die Münsterlandregion typischen Personenzugs der frühen 50er Jahre sowie die Erhaltung eines zweiten Wagenzugs, bestehend aus Eil- und Schnellzugwagen der Vorkriegszeit,
- weitestgehende Erhaltung der eisenbahntypischen Infrastruktur im Bereich der TWE, wie Bahnhofsbauten und Bahnsteige,
- Wiederherstellung und Inbetriebsetzung dampfloktypischer Anlagen in Lengerich, wie Kohlenbansen, Bekohlungsbagger usw.,
- Beiträge zur verkehrspolitischen Diskussion – Eisenbahn als Alternative zum Kraftfahrzeug, u.a. Güterverkehr.

Güterzug mit Personenbeförderung bei der Ausfahrt aus Brochterbeck im Juli 1993. Zuglok ist die von der Deutschen Reichsbahn erworbene Güterzuglok 50 3655.
Foto: Josef Högemann

Historische Lokomotiven und Wagen der „Eisenbahn-Tradition"

Zwei Varianten unserer 38 1772: Oben mit dreiachsigem preußischen Kastentender (Foto: Josef Högemann), unten mit Wannentender (Foto: Hannes Pohlmann).

Dampflok 38 1772

Im Zusammenhang mit einer grundlegenden Modernisierung des preußischen Lokomotivparks legte der Lokomotivdezernent des Eisenbahn-Zentralamts Berlin, Robert Garbe, im Jahr 1905 dem zuständigen Ministerium Pläne einer 2'C-Heißdampflok vor, die mit einer Höchstgeschwindigkeit von 110 km/h vorrangig im Personenverkehr auf Hauptbahnen zum Einsatz kommen sollte. Bereits ein Jahr später lieferte die Berliner Maschinenbau-Gesellschaft (vormals Schwartzkopff) zehn Lokomotiven der neuen Gattung P8 an die Preußische Staatsbahn, um einen Vergleich mit der P7, einer 1901 gebauten 2C-Vierzylinderverbund-Naßdampflok, zu ermöglichen.

Nach kurzer Betriebszeit im Bereich der Eisenbahn-Direktionen Cöln und Elberfeld erwies sich die P8 als eine gelungene Konstruktion. Einziger Mangel war der ungünstige Massenausgleich, so daß die Höchstgeschwindigkeit der Lok später auf 100 km/h herabgesetzt werden mußte. Bei der späteren Serienlieferung wurden verschiedene konstruktive Änderungen durchgeführt, u.a. entfiel auch das ursprüngliche Spitzführerhaus. Die guten Erfahrungen mit der genügsamen und leistungsfähigen Lok veranlaßten bald auch ausländische Bahnverwaltungen zur Beschaffung der P8. Bis 1928 konnten etwa 3.800 (!) Maschinen dieses Typs im In- und Ausland abgesetzt werden.

Mit der Zuteilung fabrikneuer P8-Lokomotiven an die Königliche Eisenbahn-Direktion (KED) Münster wurden die neu-

Links: Bis 1993 mußten unsere Dampfloks von Hand bekohlt werden. Ab 1994 kommt ein Fuchs-Kohlenbagger (ex DB) zum Einsatz. Rechts: Der „Waschbär" bei der Arbeit.
Fotos: Hannes Pohlmann

en Personenzuglokomotiven im Jahr 1913 auch im nördlichen und östlichen Westfalen heimisch und bestimmten bis Ende der 60er Jahre das Bild auf zahlreichen Haupt- und Nebenbahnen des Münsterlandes.

Unsere P8 wurde am 28. April 1915 von der Firma Ferdinand Schichau in Elbing (Ostpreußen) mit der Betriebsnummer „2459 Königsberg" an die KED Königsberg geliefert. Fünf Jahre später, nach Gründung der Deutschen Reichsbahn-Gesellschaft im Jahr 1920, erhielt die Lok die noch heute gültige Betriebsnummer 38 1772. Der weitere Lebenslauf:

Bw Königsberg:	28.4.15-27.6.28
Bw Gesundbrunnen:	28.6.28-11.7.32
Bw Mainz:	12.7.32- 5.12.41
Bw Bingerbrück:	6.12.41-15.3.42
Bw Mainz:	16.3.42- 5.7.42
Bw Worms:	6.7.42-27.7.43
Bw Mainz:	28.7.43-16.3.44
Bw Darmstadt:	5.8.49-1.10.63
Bw Heilbronn:	2.10.63-22.9.65
Bw Crailsheim:	23.9.65-14.6.66
Bw Ulm:	15.6.66-29.5.67
Bw Tübingen:	30.5.67- 2.6.73
Bw Rottweil:	3.6.73-13.2.75

Begutachtung eines Stangenlagers an der P8.
Foto: H. Pohlmann

Am 1. Mai 1993 rollte der Dampfzug am alten Stationsgebäude von Lienen vorbei.
Foto: Josef Högemann

Mit Volldampf über die Steigung vor Iburg am 27. März 1993.
Foto: Rudolf Schlöpker

Der Bahnhof Lienen bietet einen stimmungsvollen Rahmen für unsere historischen Dampfzüge. Am 1. September 1991 sorgte die P8 für die Überführung unseres Wagenzugs von Lengerich nach Gütersloh.
Foto: Josef Högemann

Am 5. Dezember 1974 wurde unsere 38 1772 als letzte P8 der DB abgestellt, absolvierte aber bis zum 13. Februar 1975 noch einige Abschiedsfahrten. Mit eigener Kraft erreichte sie am 17. Februar 1975 ihre neue Heimat im Bw Hamburg-Rothenburgsort. Ab August 1981 stand sie für etwa zwei Jahre im Lokschuppen des Bw Hamburg-Wilhelmsburg, bevor sie am 13. Dezember 1983 zur betriebsfähigen Aufarbeitung nach Lengerich überführt wurde. Hier erhielt die Maschine eine Hauptuntersuchung und konnte im Mai 1983 für den historischen Sonderzugverkehr auf der Teutoburger Wald-Eisenbahn in Betrieb genommen werden.

Fabriknummer/Baujahr:	2275/1915
Bauart:	2'C-h2
Treib-/Kuppelraddurchmesser:	1.750 mm
Laufraddurchmesser:	1.000 mm
Länge über Puffer:	18.592 mm
Höchstgeschwindigkeit:	100 km/h
Leistung:	1180 PSi
Kesselüberdruck:	12 kp/qcm
Rostfläche:	2,58 qm
Verdampfungsheizfläche:	143,28 qm
Zylinderdurchmesser:	575 mm
Kolbenhub:	630 mm
Maximaler Achsdruck:	17,7 Mp
Lokreibungslast:	51,6 Mp
Lokdienstlast:	78,2 Mp

Dampflok 50 3655

Zur Beschleunigung und Modernisierung des Güterverkehrs wie auch im Zusammenhang mit einer angestrebten Vereinheitlichung im Lokomotivbau wurde im Jahr 1939 die erste 1'E-h2-Lok der Baureihe 50 an die Deutsche Reichsbahn ausgeliefert. Nach eingehenden Probefahrten erwies sich die neue Gattung als ein gelungener Wurf. Dank ihrer geringen Achslast von nur 15,2 t war sie selbst auf Nebenbahnen einsetzbar. Innerhalb nur weniger Jahre wurden 3.164 Lokomotiven von nahezu allen europäischen Lokfabriken gebaut.

Abnahme der noch unlackierten Lok 50 3655 durch den Loksachverständigen am 7. Juli 1993.
Foto: Josef Högemann

Nach dem Ende des 2. Weltkriegs verfügten sowohl die Deutsche Bundesbahn als auch die Deutsche Reichsbahn über einen hohen Bestand an Lokomotiven der Baureihe 50. Obwohl viele von ihnen erst wenige Jahre in Betrieb standen, ließen ständige Kesselschäden bei beiden Bahnverwaltungen den Ersatz der kriegsmäßigen ST47-Kessel dringend notwendig werden. Während die Deutsche Bundesbahn auf noch gut erhaltene Kessel überzähliger 52er zurückgreifen konnte, zwang die angespannte Triebfahrzeugsituation der Reichsbahn zum Bau neuer geschweißter Kessel. So wurden in den Jahren 1957-62 insgesamt 208 Lokomotiven der Baureihe 50 durch den Einbau neuer Verbrennungskammerkessel modernisiert. Zur Erhöhung der Wirtschaftlichkeit erhielten die Lokomotiven ferner eine Speisewassermischvorwärmanlage, die den rekonstruierten Maschinen ihre typische Kopfform verliehen. Eingereiht wurden die Reko-Loks als Baureihe 50[35], ihre ab 1966 auf Ölhauptfeuerung umgerüsteten Schwestermaschinen erhielten die Bezeichnung 50[50].

> **Nordrhein-Westfalen-Stiftung**
> *Naturschutz, Heimat und Kulturpflege*
>
> Seit 1986 unterstützt die Nordrhein-Westfalen-Stiftung Initiativen, die sich für den Naturschutz und die Heimat- und Kulturpflege einsetzen. In enger Zusammenarbeit mit zahlreichen Vereinen und ehrenamtlichen Gruppen wurden alte Mühlen wieder instand gesetzt, Fachwerkhäuser vor dem Verfall gerettet, Museen neu eingerichtet oder erweitert und Denkmäler restauriert. Als Beitrag zum Naturschutz werden beispielsweise mit Hilfe der Stiftung Feuchtgebiete gesichert, damit Lebensräume und Artenvielfalt erhalten bleiben.
>
> Der Verein "Eisenbahn-Tradition e. V." ist eine von mittlerweile mehr als 500 Initiativen, die von der Nordrhein-Westfalen-Stiftung seit 1986 unterstützt wurden. Informationen über die NRW-Stiftung können angefordert werden bei der: NRW-Stiftung, Postfach 32 08 04, 40423 Düsseldorf.

Unsere Lok 50 3655 wurde am 11. Juli 1942 von der Firma Borsig an die Deutsche Reichsbahn geliefert und trug zunächst die Betriebsnummer 50 2220 ÜK. Nach ihrer Abnahme am 15. Juli 1942 wurde die Maschine dem Bw Seddin bei Berlin zugeteilt, um dort einige Probefahrten und letzte Einstellarbeiten durchzuführen. Fünf Tage später, am 20. Juli 1942, verließ sie Seddin in Richtung Sagan. Nach der Rekonstruktion, die vom 17.3. bis 20.4.1961 im Raw Stendal durchgeführt wurde, erhielt sie ihre heutige Nummer 50 3655. Die weiteren Stationen waren:

Bw Sagan:	21.7.42-25.11.43
Bw Magdeburg-Rothensee:	26.11.43-3.6.47
Bw Magdeburg Hbf:	4.6.47-12.4.48
Bw Magdeburg-Rothensee:	13.4.48-18.9.52
Bw Oebisfelde:	18.9.52-26.6.56
Bw Werdau:	27.6.56-16.3.61
Raw Stendal:	17.3.61-20.4.61
Bw Werdau:	21.4.61-20.5.62
Bw Gera:	21.5.62-11.11.62
Bw Stendal:	12.11.62-7.9.66
Bw Güsten:	8.9.66-23.12.75
Bw Salzwedel:	24.12.75-2.11.81
Bw Karl-Marx-Stadt:	3.11.81-11.6.92

Foto: Hannes Pohlmann

Die letzten aktiven Jahre im Dienst der Deutschen Reichsbahn verbrachte die Lok 50 3655 im Bahnbetriebswerk Chemnitz, wo Personen- und Güterzüge nach Aue, Annaberg-Buchholz, Roßwein und Rochlitz im Plan standen. Im Januar 1986 wurde die Maschine abgestellt, diente aber zunächst noch als Heizlok. Am 1. Oktober 1983 war sie mit einem Güterzug nach Aue unterwegs, fotografiert bei einem kurzen Rangierhalt in Zwönitz.
Foto: Josef Högemann

Letzte Station unserer 50 3655 war das Bw Chemnitz, wo sie noch bis Januar 1986 vor planmäßigen Personen- und Güterzügen im Einsatz stand. Anstatt verschrottet zu werden, fand die Maschine eine weitere Verwendung als Heizlok und erhielt sogar im Sommer 1990 noch einmal eine Untersuchung nach der Schadgruppe L6/K7. Als rollfähige Heizlok kehrte sie im Herbst aus dem Ausbesserungswerk Meiningen nach Chemnitz zurück. Kurze Zeit später wurden nahezu alle entbehrlichen Teile im Bereich des Fahrwerks und des Kessels entfernt und der traurige Rest noch einige Zeit als stationäre Heizanlage weiterverwendet.

In diesem Zustand erwarben wir im April 1992 die Lok. Vor der Überführung nach Lengerich wurde das Fahrwerk in Meiningen komplettiert sowie weitere fehlende Teile ergänzt. Die anschließende Hauptuntersuchung der Maschine führten unsere Vereinsmitglieder gemeinsam mit der TWE-Werkstatt in Lengerich durch. Die Abnahme durch den Loksachverständigen erfolgte am 7. Juli 1993. Die technische Daten lauten:

Sonderzug Lengerich – Gütersloh am 22. August 1993 kurz vor Iburg. Am Zugschluß hilft die P8 nach. Unten: Vollbesetzter Dampfzug zwischen Niedick und Harsewinkel am 8. August 1993.
Fotos: Josef Högemann

Fabriknummer/Baujahr:	15214/1942
Bauart:	1'E-h2
Treib-/Kuppelraddurchmesser:	1400 mm
Laufraddurchmesser:	850 mm
Länge über Puffer:	22.600 mm
Höchstgeschwindigkeit:	80 km/h
Leistung:	1760 PSi
Kesselüberdruck:	16 kp/qcm
Rostfläche:	3,71 qm
Verdampfungsheizfläche:	159,60 qm
Überhitzerheizfläche:	68,50 qm
Zylinderdurchmesser:	600 mm
Kolbenhub:	660 mm
Maximaler Achsdruck:	14,8 Mp
Lokreibungslast:	73,4 Mp
Lokdienstlast:	85,9 Mp

Links: Hinein ins Feuerloch; – einige Schaufeln guter Steinkohle bringen den Dampfdruck wieder auf Vordermann (Foto: Hannes Pohlmann). Rechts: Nostalgie pur rund um die Dampfeisenbahn (Foto: Rudolf Schlöpker).

Was wären die Dampflokomotiven ohne einen passenden Zug?

Vor der Darstellung der einzelnen Wagen unseres Vereins sind einige Hintergrundinformationen nötig.

Um 1900 gab es bei den meisten deutschen Bahnen vier Wagenklassen. Die 1. Klasse war eine echte Luxusklasse, die höchsten Ansprüchen genügen sollte; die 2. Klasse war die normale „Polsterklasse" für das gehobene Publikum; die 3. Klasse war mit relativ bequem geformten Holzsitzen ausgestattet und die 4. Wagenklasse hatte entweder spartanischen Bretterbänken oder, wie auch in Preußen, eine reine „Stehplatzklasse". Die Fahrpreise richteten sich selbstverständlich nach diesen Komfortstufen. Im Oktober 1928 wurde die 4. Wagenklasse abgeschafft und ab Juni 1956 im Rahmen einer „Klassenreform" die echte 1. Klasse aufgehoben, die 2. zur 1. Wagenklasse aufgewertet, ebenso die 3. zur 2. Klasse.

Unser Museumszug repräsentiert die Anfangsjahre der Deutschen Bundesbahn zwischen 1949 und 1956. Zum einen hatten die Fahrzeuge damals noch ihr ursprüngliches Aussehen mit dunkelgrünem Anstrich, gelben Beschriftungen und den typischen Emailleschildern; zum anderen mußte die damalige Bundesbahn – ebenso wie wir heute – mit den verschiedensten Wagenarten ihre Personenzüge bilden.

Unser Museumszug stellt ein Stück Zeitgeschichte zum „Anfassen" dar, und

---

Mit Volldampf voraus!

Mehr und mehr wurde sie in den letzten Jahren auf das Abstellgleis geschoben.
Aber manche fahren schon wieder – zur Freude aller.
Der Dampf geht ihr nicht aus.
Machen Sie jetzt Ihren Geld-Plänen Dampf.
Schieben Sie sie nicht aufs Abstellgleis.
Die Geldberater bei uns helfen Ihnen dabei.

Sparkasse Ibbenbüren S

wir möchten bitten, daß dieses auch so bleibt. Deshalb an Sie die Bitte, die Einrichtungen schonend zu behandeln, wenn Sie in unserem Zug mitfahren. Einige Waggons besitzen eine zum Teil über 40 Jahre alte Inneneinrichtung, die leider nicht mehr so belastbar ist wie in ihren Jugendtagen; und in den anderen Wagen wurde die Einrichtung originalgetreu durch unsere Vereinsmitglieder in ehrenamtlicher Arbeit mühevoll nachgebaut.

Ein Tip für unsere Nostalgie-Fans: Alle in und an unserem Zug angebrachten Emailleschilder und historischen Werbetafeln sind teilweise im Bistrowagen erhältlich oder können auf Wunsch von uns bezogen werden.

Was wären die Dampflokomotiven ohne historische Personenwagen für unsere großen und kleinen Fahrgäste?

Fotos: Josef Högemann, Rudolf Schlöpker

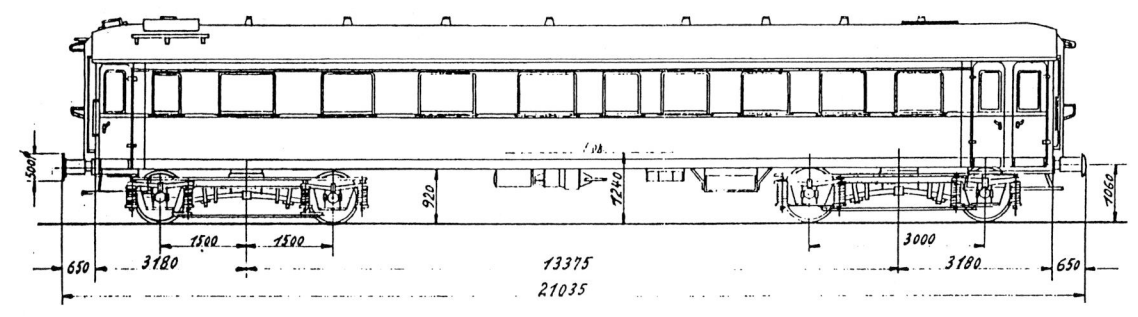

Oben und rechts:
Eilzugwagen 33 621
„Hamburg".
Foto: H. Pohlmann

in der 3. Klasse in den 50er Jahren ausgebaut und durch die noch heute vorhandenen Weichpolster ersetzt. 1982 wurde der Wagen aus dem Betriebsbestand der Bundesbahn herausgenommen und ist seit 1990 Teil unseres Museumszugs.

Gattungszeichen:	BC4yswe 37
Hersteller:	Westdt. Waggonfabrik Köln
Baujahr:	1937
Länge über Puffer:	21.030 mm
Gewicht:	35,5 t
Drehgestellbauart:	Görlitz II, leicht
Bremse:	Hildebrand-Knorr, Hikpbr
Sitzplätze:	2. Klasse: 24 Plätze
–	3. Klasse: 30 Plätze
Höchstgeschwindigkeit:	120 km/h

Wagen 33 621 „Hamburg"
(vierachsiger Einheits-Durchgangswagen 2./3. Klasse, Bauart 1937)

Als Weiterentwicklung der genieteten vierachsigen Durchgangswagen stellte die Deutsche Reichsbahn ab 1935 vollständig geschweißte Wagen in Dienst.

Der 33 621 wurde 1937 bei den Vereinigten Westdeutschen Waggonfabriken AG in Köln-Deutz gebaut und an die Eutin-Lübecker Eisenbahn geliefert. Nach der Verstaatlichung gelangte der Wagen zur Deutschen Reichsbahn bzw. später zur Deutschen Bundesbahn. Zur Erhöhung des Reisekomforts wurden die Holzsitze

Dreiklassiger
Schnellzugwagen
14 102 „Hamburg".
Foto: H. Pohlmann

Typenzeichnung des Schnellzugwagens 14 102 „Hamburg".

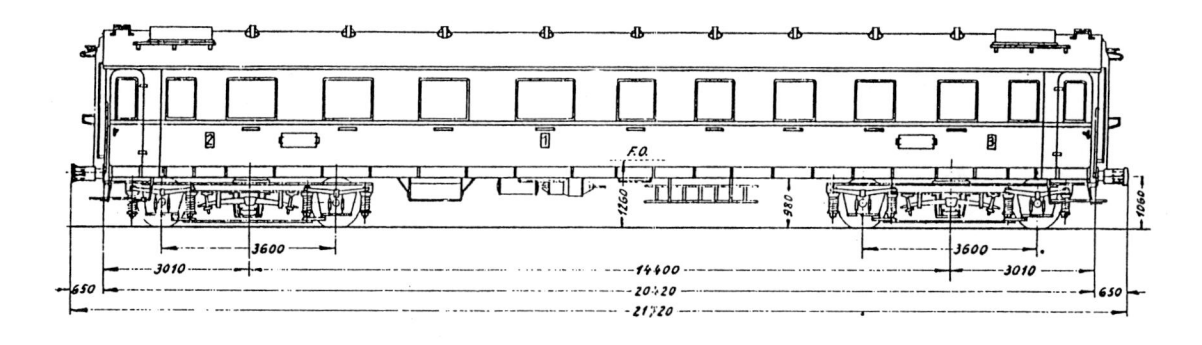

Wagen 14 102 „Hamburg"
(vierachsiger Einheits-Schnellzugwagen 1./2./3. Klasse, Bauart 1929)

Als Weiterentwicklung der Reichsbahn-Schnellzugwagen der Baujahre 1923/26 stellte die Deutsche Reichsbahn-Gesellschaft Ende der 20er Jahre genietete Ganzstahlwagen in Dienst. Der vierachsige „14 102 Hamburg" gehörte zur Bauart ABC4üe 29/30, verfügte also über drei Klassen in einem einzigen Wagen (!). Insgesamt sind 186 Exemplare dieser Gattung gebaut worden, von denen lediglich zwei Fahrzeuge bis heute überlebt haben. Unser 14 102 stand bis 1982 im Dienst der DB. Nach langjähriger Abstellzeit konnten wir den Wagen im Jahr 1993 dank einer Projektförderung der Nordrhein-Westfalen-Stiftung grundlegend restaurieren.

Gattungszeichen:	ABC4üwe 29
Hersteller:	Waggonfabrik Wismar
Baujahr:	1930
Länge über Puffer:	21.720 mm
Gewicht:	47,2 t
Drehgestellbauart:	Görlitz II, schwer
Bremse:	Kunze-Knorr, Kksbr
Sitzplätze:	1. Klasse: 6 Plätze
–	2. Klasse: 18 Plätze
–	3. Klasse: 40 Plätze
Höchstgeschwindigkeit:	120 km/h

Wagen 72 607 „Wuppertal"
(vierachsiger Einheits-Durchgangswagen 3. Klasse, Bauart 1930)

Als Ersatz für die vierachsigen preußischen Abteilwagen stellte die Deutsche Reichsbahn-Gesellschaft ab 1929 die vierachsigen genieteten Durchgangswagen (Eilzugwagen) in Dienst. Um bei den Unterwegshalten der Eilzüge einen schnelleren Fahrgastwechsel zu ermöglichen, erhielten die Wagen an jedem Ende vier Außentüren und damit ihr typisches Erscheinungsbild.

Unser 72 607 wurde 1930 bei der Waggonfabrik Uerdingen gebaut, erhielt 1958 die heute noch vorhandenen 3.-Klasse-Weichpolster und stand in diesem Zustand bis 1982 bei der DB im Einsatz. Nach seiner Ausmusterung konnten wir ihn für unseren historischen Zug erwerben. In den nächsten Jahren ist der 72 607

Eilzugwagen 72 607 „Wuppertal": Eine grundlegende Aufarbeitung ist in den nächsten Jahren vorgesehen.
Foto: Josef Högemann

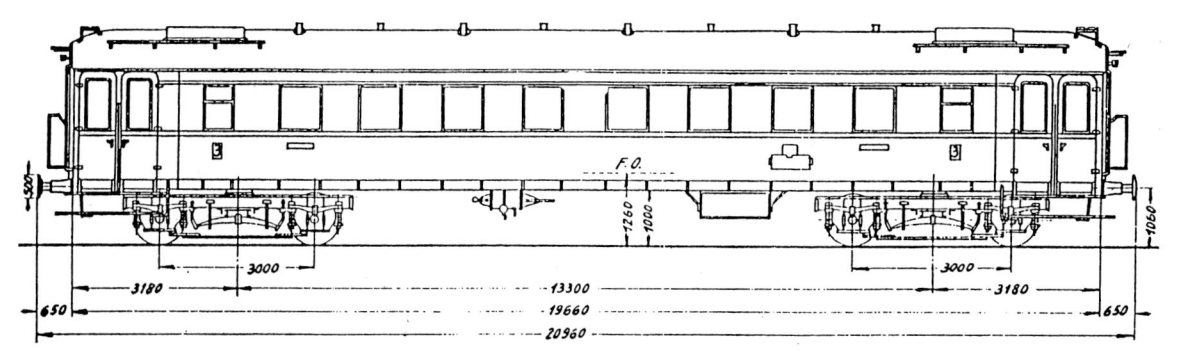

Typenzeichnung des Eilzugwagens 72 607 „Wuppertal"

Restaurierung unseres Gepäckwagens 105 221 „Köln". Foto: J. Högemann

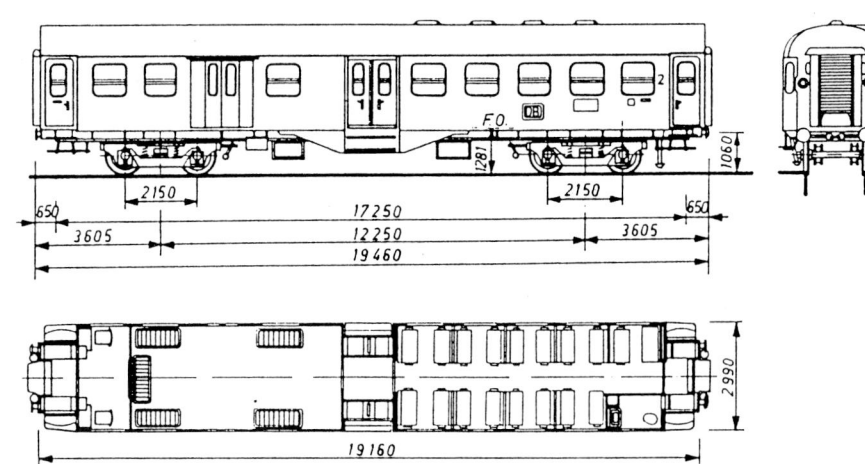

Typenzeichnung des Umbauwagens 98 290 „Münster"

für eine grundlegende Aufarbeitung vorgesehen, bei der voraussichtlich auch die ursprünglichen Holzlattensitze eingebaut werden.

Gattungszeichen:	C4ywe 30
Hersteller:	Waggonfabrik Uerdingen
Baujahr:	1930
Länge über Puffer:	20.960 mm
Gewicht:	36,1 t
Drehgestellbauart:	Görlitz III (leicht)
Bremse:	Kunze-Knorr Kkpbr
Sitzplätze:	3. Klasse: 72 Plätze
Höchstgeschwindigkeit:	120 km/h

Wagen 98 290 „Münster"
(vierachsiger Durchgangs-Umbauwagen der DB mit Sitzabteil 2. Klasse und Gepäckraum)

Der Wagen 98 290 zählte zur Gattung der vierachsigen Umbauwagen mit Sitzabteil und Gepäckraum, die aus Bauteilen älterer Länderbahnwagen und neuen geschweißten Wagenkästen entstanden sind. Eingesetzt wurden diese Wagen vornehmlich im Nah- und Berufsverkehr.

Nach seiner Ausmusterung im Dezember 1993 in Münster konnten wir den Umbauwagen von der Deutschen Bundesbahn erwerben und somit vor der Verschrottung bewahren. Wir verwenden das Fahrzeug in erster Linie zum Transport von Behinderten mit Rollstühlen.

Gattungszeichen:	BPw4yg-56b
Hersteller:	DB (Aw Neuaubing)
Baujahr:	1959
Länge über Puffer:	19.460 mm
Gewicht:	30,3 t
Bremse:	KE-GP
Sitzplätze:	2.Klasse: 36 Plätze
Höchstgeschwindigkeit:	120 km/h

Wagen 105 221 „Köln"
(vierachsiger Einheits-Schnellzuggepäckwagen, Bauart 1929)

Passend zu den Ganzstahl-Schnellzugwagen der Bauarten 1928/29 entwickelte die Deutsche Reichsbahn-Gesellschaft einen vierachsigen Gepäckwagen.

Unser 105 221 wurde 1929 in der Waggonfabrik Gotha gebaut und stand – mit geringfügigen Änderungen – bis 1982 bei der DB im Einsatz. Danach ging er für den Einsatz in den historischen Zügen in unseren Besitz über. Im Frühjahr 1994 wurde er grundlegend restauriert und in seinen ursprünglichen Zustand zurückversetzt.

Gattungszeichen:	Pw4üe 29
Hersteller:	Waggonfabrik Gotha
Baujahr:	1929
Länge über Puffer:	19.680 mm
Gewicht:	39,4 t
Drehgestellbauart:	Görlitz II (schwer)
Bremse:	Kunze-Knorr, Kksbr
Höchstgeschwindigkeit:	120 km/h

Rechts: Typenzeichnung des Packwagens 105 211 „Köln"

Wagen 36 240 „Münster" und 36 421 „Hannover"
(zweiachsige Einheits-Durchgangswagen 2./3.Klasse, Bauart 1928)

Als Standard-Personenwagen wurden in den Jahren 1926-30 verschiedene Bauarten der sogenannten „Donnerbüchsen" hergestellt. Diesen Beinamen erhielten die genieteten zweiachsigen Durchgangswagen aufgrund ihres lauten, dröhnenden Fahrgeräusches.

Unsere beiden BCi wurden 1929 gebaut und waren nahezu unverändert bis Anfang der 60er Jahre im Einsatz. Nach ihrer Ausmusterung wurden sie in Bahndienstwagen umgebaut, wobei die alte Inneneinrichtung entfernt und dafür je ein Werkstatt- und Aufenthaltsraum eingerichtet wurde. In die Außenwände wurden breite Rolltüren eingebaut, um große Werkstücke einladen zu können.

Als wir 1990/91 die Wagen von der DB erwerben konnten, fristeten sie ihr Dasein als Bahnhofswagen – der 36 240 in Wuppertal-Steinbeck, der 36 421 in Neuss. 1992 konnte der 36 421 „Hannover" wieder zu einem Personenwagen hergerichtet werden, während der 36 240 „Münster" noch auf seine Aufarbeitung wartet.

Personenwagen 36 421 „Hannover". Foto: H. Pohlmann

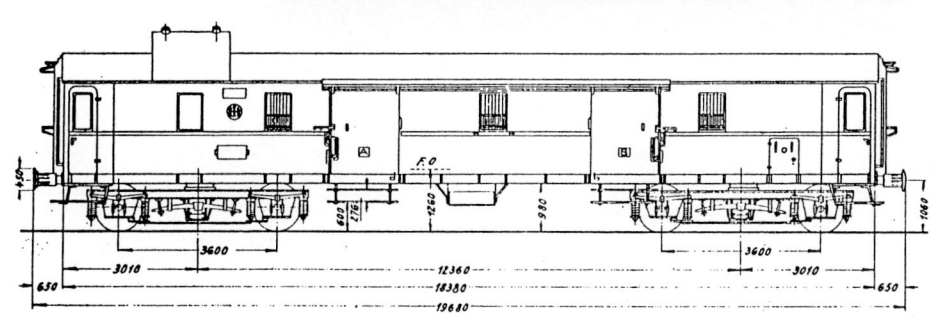

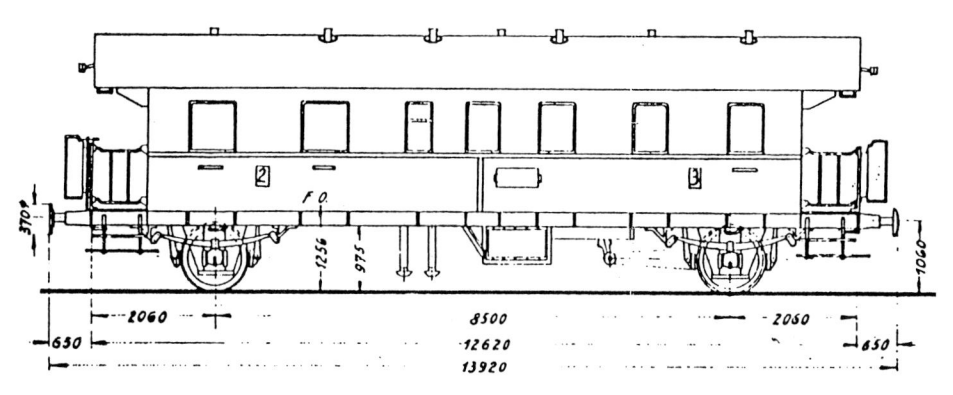

Typenzeichnung des Personenwagens 36 421 „Hannover"

Gattungszeichen: BCi 28
Herst.: Dessauer Waggonfabrik (36 240)
– Westdt. Waggonfabrik Köln (36 421)
Baujahr: 1928 (36 240)
– 1929 (36 421)
Länge über Puffer: 13.920 mm
Gewicht: 21,4 t
Bremse: Kunze-Knorr, Kkpbr
Sitzplätze: 2. Klasse: 16 Plätze
– 3. Klasse: 34 Plätze
Höchstgeschwindigkeit: 90 km/h

Wagen 83 751 „Essen":
Gattung: Citr 28
Hersteller: Schöndorff AG, Düsseldorf
Baujahr: 1928
Länge über Puffer: 13.920 mm
Gewicht: 20,8 t
Bremse: Kunze-Knorr, Kkpbr
Sitzplätze: 3. Klasse: 44 Plätze
Höchstgeschwindigkeit: 90 km/h

Wagen 85 025 „Münster":
Gattung: Ci 28
Hersteller: Waggonfabrik Rastatt
Baujahr: 1929
Länge über Puffer: 13.920 mm
Gewicht: 20,3 t
Bremse: Kunze-Knorr, Kkpbr
Sitzplätze: 3. Klasse: 58 Plätze
Höchstgeschwindigkeit: 90 km/h

Wagen 27 230 „Münster"
(zweiachsiger Einheits-Durchgangswagen 2. Klasse, Bauart 1929)

Als Ergänzung zu den zweiachsigen Einheits-Durchgangswagen („Donnerbüchsen") wurde die Wagengattung Bi29 entwickelt. Diese Wagen erhielten keine offenen Plattformen, sondern geschlossene Einstiege, um die Reisenden in der 2. Klasse besser vor Zugluft zu schützen.

**Wagen 83 751 „Essen"
und 85 025 „Münster"**
(zweiachsige Einheits-Durchgangswagen 3. Klasse, Bauart 1928)

Beide Wagen gehören der bekannten „Donnerbüchsen"-Bauart an, wurden wie viele andere bis zu Beginn der 60er Jahre eingesetzt und anschließend zu Wohn-/Werkstattwagen umgebaut.

1991 konnten wir beide Wagen von der DB erwerben, nachdem sie zur Verschrottung angestanden hatten. Sie sollen in den nächsten Jahren restauriert werden. Der 83 751 „Essen" erhält in einer Wagenhälfte nur Sitzbänke an den Wänden und somit ein Abteil für „Reisende mit Traglasten".

*Personenwagen 27 230 „Münster".
Foto: H. Pohlmann*

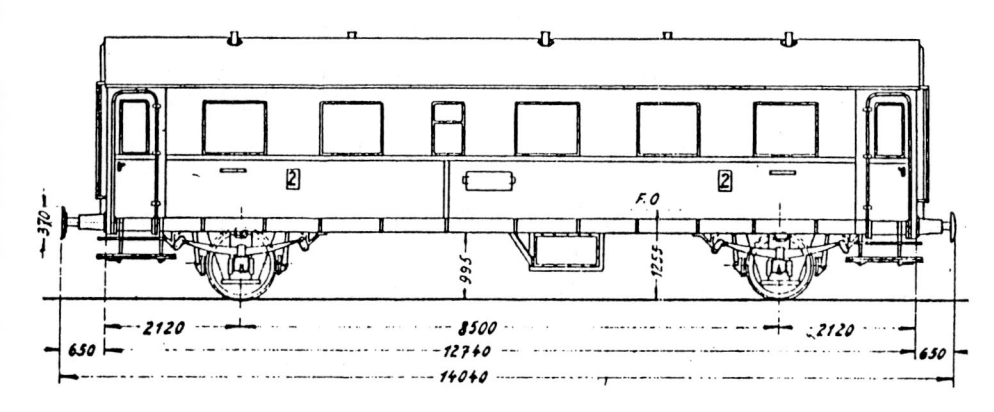

Oben: Typenzeichnung des Personenwagens 27 230 „Münster", unten: Typenzeichnung des Personenwagens 98 090 „Münster".

Unser 27 230 wurde 1929 bei der Firma Gebrüder Schöndorff AG in Düsseldorf gebaut und war bis 1965 im Einsatz. Nach seiner Ausmusterung wurde er zu einem Bahndienstwagen (Wohn-Schlafwagen) umgebaut. Bei diesem Umbau wurden einige Fenster verschlossen, die komplette Inneneinrichtung entfernt und dafür Betten, Schränke, Waschgelegenheiten etc. eingebaut.

1990 stand der Wagen zur Verschrottung an. Um für unsere Sonderzüge einen geeigneten Speisewagen zu erhalten, wurde das Fahrzeug 1991 zu einem „rollenden Bistro-Café" umgebaut. Im Außenbereich wurde jedoch der historische Zustand als 2. Klasse-Personenwagen wiederhergestellt.

Gattungszeichen:	Bi 29
Hersteller:	Gebrüder Schöndorff AG
Baujahr:	1929
Länge über Puffer:	14.040 mm
Gewicht:	20,3 t
Bremse:	Kunze-Knorr, Kkpbr
Höchstgeschwindigkeit:	90 km/h

Wagen 98 090 „Münster"
(zweiachsiger Einheits-Durchgangswagen 3. Klasse, Bauart 1933, geschweißte Ausführung für Nebenbahnen)

Zur Komfortsteigerung und Beschleunigung des Personenverkehrs entwickelte die Deutsche Reichsbahn-Gesellschaft im Jahr 1932 einen nur 14,4 t schweren zweiachsigen Nebenbahnwagen, der in insgesamt 153 Exemplaren gebaut wurde. Es handelte sich hierbei um die erste Serienlieferung vollständig geschweißter Reisezugwagen für die DRG. Aus den daraus gewonnenen Erfahrungen entstanden später die bekannten, durchgehend geschweißten Schnellzugwagen der Einheitsbauart (dazu zählt auch unser 1990 aufgearbeiteter 33 621 „Hamburg").

Unser 98 090 „Münster" wurde 1934 von der Firma Wegmann in Kassel gebaut und besaß 54 Sitzplätze der 3. Klasse. Um 1955 baute die Deutsche Bundesbahn das Fahrzeug in einen Beiwagen für Triebwagen um und gab ihm die neue Nummer VB 140 216. Sein Einsatzgebiet war auch das westliche Münsterland und das nördliche Ruhrgebiet. Um 1965 musterte die DB das Fahrzeug aus und nutzte es als Wohn- und Bürowagen für das Gleisbaulager Duisburg-Wedau. Ab 1980 diente der Wagen dem Hauptbahnhof Düsseldorf als Bürowagen für den S-Bahn-Bau. Später wurde er noch einige Jahre lang als Lagerraum genutzt. Die Aufarbeitung des Personenwagens erfolgte im Frühjahr 1993 mit finanzieller Hilfe der Nordrhein-Westfalen-Stiftung.

Gattungszeichen:	Ci 33
Hersteller:	Wegmann, Kassel
Baujahr:	1934
Länge über Puffer:	12.960 mm
Gewicht:	14,4 t
Bremse:	Kunze-Knorr, Kkpbr
Sitzplätze:	3. Klasse: 54 Plätze
Höchstgeschwindigkeit:	90 km/h

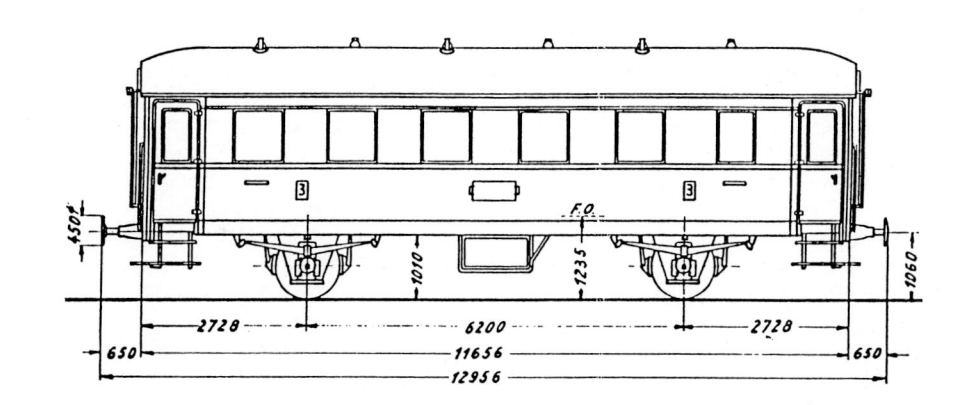

Links: In diesem Zustand erwarben wir im Jahr 1992 den Personenwagen 98 090 „Münster" von der Deutschen Bundesbahn. Rechts: Viele Arbeitsstunden und erhebliche finanzielle Mittel waren erforderlich, um aus dem Wrack wieder einen brauchbaren Personenwagen zu machen.
Fotos: Hannes Pohlmann

Wagen 117 „Münster"
(zweiachsiger Einheits-Personenzuggepäckwagen für Nebenbahnen, Bauart 1931)

Passend zu den leichten Nebenbahnpersonenwagen der Bauarten 1931-33 wurden auch zweiachsige Gepäckwagen hergestellt. Die letzten Exemplare der Gattung Pwi 31a wurden erst im Jahr 1980 ausgemustert.

Unseren Wagen konnten wir 1993 von der Deutschen Reichsbahn erwerben, aber leider noch nicht seine ursprüngliche Betriebsnummer ermitteln. Die Aufarbeitung dieses stark heruntergekommenen Gepäckwagens wird erst in einigen Jahren möglich sein.

Gattungszeichen:	Pwi 31a
Hersteller, Baujahr:	noch unbekannt
Länge über Puffer:	12.850 mm
Gewicht:	17,1 t
Bremse:	Kunze-Knorr, Kkpbr
Höchstgeschwindigkeit:	90 km/h

Wagen 37 001 „Münster" und 37 002 „Münster"
(dreiachsige Durchgangs-Umbauwagen der DB, 2./3. Klasse)

Auch die Mitarbeiter einer historischen Eisenbahn benötigen eine Bleibe, und was wäre da stilechter als ein alter Personenwagen. So bildet das „Umbauwagen-Pärchen" 37 001 und 37 002 das Vereinsheim der „Eisenbahn-Tradition".

Die DB-Umbauwagen entstanden in den Jahren 1954-57 aus Personenwagen der ehemaligen Länderbahnen; u.a. der Preußischen Staatsbahn. Von den dreiachsigen Abteil- oder Durchgangswagen wurden die Untergestelle auf einheitliche Maße gebracht und ein neuer geschweißter Wagenkasten aufgesetzt.

Unsere beiden Wagen wurden 1955 im Ausbesserungswerk Karlsruhe umgebaut und standen bis Ende der 70er Jahre im Einsatz. Anschließend erfolgte ein erneuter Umbau bei der DB, diesmal zu Bahndienstwagen (Wohn- und Schlafwagen).

1992 haben wir die Wagen erworben und werden sie auch in Zukunft als Wohn- und Schlafwagen nutzen.

Gattung:	ehem. BC3yg
Hersteller:	DB (Aw Karlsruhe)
Baujahr:	1955
Länge über Puffer:	13.300 mm
Gewicht:	17,0 t
Bremse:	Knorr / Westinghouse Kpbr/Wpbr einlösig
Höchstgeschwindigkeit:	90 km/h

Unsere Güterwagen

Für die Beförderung von Fahrrädern im Rahmen unserer historischen Dampfzugfahrten, für die Lagerung unserer Lokomotivkohle sowie für den Einsatz in Fotogüterzügen stehen uns einige historische Güterwagen zur Verfügung. Nachfolgend die wichtigsten Daten:

131 Gm (gedeckter Güterwagen):
Dieser Wagen wurde 1971 durch die TWE von der Deutschen Bundesbahn er-

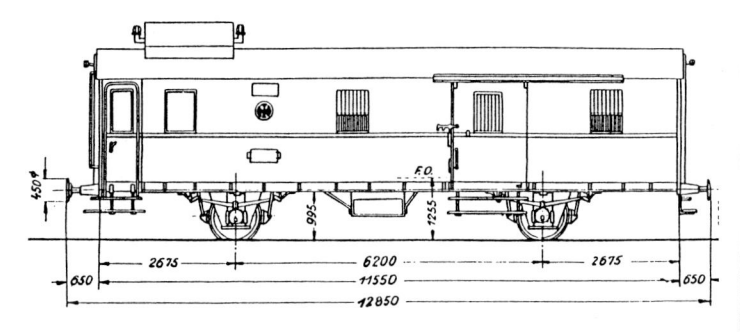

worben und trug zuletzt die Betriebsnummer 245 410 Gmh 39. Im Jahr 1982 konnten wir diesen, 1949 bei der Waggonfabrik Györ gebauten Wagen in unseren Bestand übernehmen. Da das Fahrzeug derzeit nicht einsatzfähig ist, findet es als Lagerraum Verwendung.

230 Ommk (u) (offener Güterwagen):
1993 konnte dieser offene Güterwagen von der Deutschen Reichsbahn übernommen werden. Er trug zuletzt die Betriebsnummer DR 2150 555 3327-1. Der 1971 im Raw Dresden gefertigte Waggon ist einsatzfähig und dient als Lagerraum für Lokomotivkohle.

202 228 Glmhs 50 (ged. Güterwagen):
Von der Deutschen Reichsbahn erwarben wir 1993 den gedeckten Güterwagen mit der Betriebsnummer DR 2150 140 2018-8. Dieser 1955 bei Linke-Hoffmann-Busch in Braunschweig gefertigte Waggon wird für den Fahrradtransport genutzt.

580 113 P (Dreikammer-Kesselwagen):
1993 erhielten wir von der BP-Oil Deutschland GmbH in Hamburg einen im Jahr 1944 bei der Firma Schrage in Hannover gebauten Kesselwagen geschenkt (ehem. Betriebsnummer 2380 708 4211-3P). Nach einer gründlichen Aufarbeitung wird der Kesselwagen gelegentlich in historischen Güterzügen eingesetzt.

Oben: Typenzeichnung des Gepäckwagens 117

Rechts: Kesselwagen 580 113 P.
Foto: J. Högemann

Personenwagen 98 090 „Münster" nach der Aufarbeitung zu Anfang des Jahres 1993.
Foto: Josef Högemann

Für die Kinder sind die alljährlichen Nikolausfahrten auf der Teutoburger Wald-Eisenbahn die passende Einstimmung auf Weihnachten. Am 4. Dezember 1983 stand unsere 38 1772 vor einem langen „Nikolauszug" nach Hövelhof bei Gütersloh-Spexard im Einsatz.

Gute Fotomotive bietet der Streckenabschnitt zwischen Harsewinkel und Versmold (im Sept. 1991). Fotos: J. Högemann

Mit Dampf in den Frühlingsmorgen, so könnte das Motto dieser Aufnahme lauten. Leider macht der inzwischen arg heruntergekommene Bahnhof Tecklenburg keinen guten Eindruck.
Foto: Rudolf Schlöpker

Sitzpolster aus Belgien

Ersatzteile und Ausrüstungsgegenstände für unsere historischen Reisezugwagen zu finden, ist gar nicht so einfach. Bietet sich dazu eine Gelegenheit, dann muß schnell gehandelt werden.

In einigen im Betriebsbahnhof Münster abgestellten Personenwagen der Belgischen Staatsbahnen hatte unser Vereinsvorsitzender und Lokführer Hans-Jörg Siepert Sitzpolster entdeckt, die denen der früheren 2. Klasse unserer aufzuarbeitenden Donnerbüchsen (BCi) sehr ähnlich waren. Da die belgischen Wagen zur Ausmusterung anstanden, trat Stefan Jeggle in seiner Funktion als 2. Vorsitzender mit den Belgischen Staatsbahnen in Kontakt. Nach langen Telefonaten und verschiedenen Briefwechseln bekamen wir endlich die Erlaubnis, aus zwei dieser Wagen die Bestuhlung zu entfernen und zu einem annehmbaren Preis zu übernehmen.

Die Vorauskasse war schnell erledigt, dann aber begannen die Probleme. Die Sitzbänke mußten in Oostende und Mechelen von uns ausgebaut werden, und das innerhalb von einer Woche. Um den Abtransport so preisgünstig wie möglich zu machen, wurde ein guter Bekannter unseres Vereins, der bei einer Spedition tätig ist, um Mithilfe gebeten.

Das Fahrtwochenende am 13. und 14. Juli wurde zu einer „Lagebesprechung" genutzt, um die Aktion in Belgien zu organisieren. Immerhin mußten einige Vereinsmitglieder gefunden werden, die kurzfristig ein oder zwei Tage Urlaub nehmen konnten. Weitere Einzelheiten konnten wir am nächsten Tag noch telefonisch klären. Am Dienstagabend, den 16. Juli sollte es losgehen. Lassen wir unseren Mitstreiter Burkhard Beckers erzählen:

„Als ich am besagten Dienstagnachmittag nach getaner Arbeit nach Hause fahre, geht es gleich mit Zahnschmerzen los. Das fehlte auch noch. Schnell zum Zahnarzt, denn ich habe noch den gesamten Proviant für unseren Belgien-Einsatz zu beschaffen. Leicht gestreßt erreiche ich gegen 21 Uhr das TWE-Gelände in Lengerich-Hohne. Unser geliehener Lkw der Spedition Weilke, ein 16-Tonner, steht bereits auf dem Hof. Unser Fahrer Michael, Hans-Jörg und ich laden das Werkzeug in den Wagen und zu dritt in der Fahrerkabine geht es gegen 22 Uhr nach Belgien. Die anderen Kollegen werden erst gegen 3 Uhr in der Nacht mit einem Pkw nachkommen.

Das Passieren der deutsch-niederländischen Grenze geht zügig vonstatten. Der nächste Parkplatz wird angefahren, um eine anderthalbstündige Pause zu machen. Leider hatte unser einziges Vereinsmitglied mit einem Führerschein der Klasse II keinen Urlaub bekommen, so daß unser Michael die Tour ganz alleine machen muß. Bald aber geht es weiter zur niederländisch-belgischen Grenze, wo wir ebenfalls problemlos durchfahren können.

Um 4.15 Uhr in der Frühe haben wir Oostende erreicht. Endlich schlafen. Hans-Jörg versucht es auf der Ladefläche, Michael und ich verdrücken uns in die Fahrerkabine.

Es muß gegen 6.30 Uhr gewesen sein, als wir durch die Pkw-Mannschaft etwas unsanft aus dem Schlaf gerissen werden. Die Kollegen fahren sofort weiter zur Werkstätte der Belgischen Staatsbahnen, kommen aber wenig später unverrichteter Dinge zurück. Im Werk herrscht noch absolute Ruhe, Dienstbeginn ist erst um 7.30 Uhr. Trotzdem fahren wir gemeinsam dorthin, um unsere Fahrzeuge auf dem werkseigenen Parkplatz zu parken. Nun ist Frühstück angesagt. Mit belegten Broten und einem guten Schluck Cola kommen unsere Lebensgeister so langsam in Fahrt.

Mit Arbeitsbeginn im Werk gehen auch wir gleich an die Arbeit. Die Sitzgestelle sind mit Spezialschrauben befestigt und auch das Stromsystem unserer Werkzeugmaschinen verträgt sich nicht mit dem belgischen. Stefan macht sich auf den Weg und besorgt leihweise die Spezialschraubendreher, während sich Karl um einen Leitungsadapter kümmert. Und jetzt geht es rund! Vom Werkstattpersonal in der Halle werden wir als ‚Spezialfirma aus Deutschland' bezeichnet. Vermutlich halten die uns für ein Recycling-Unternehmen, das im Akkord Sitze aus alten Waggons ausbaut.

Als alle Sitze im Lkw verstaut sind, geht es gegen 10.45 Uhr in Richtung Mechelen weiter, wo der zweite Waggon auf uns wartet. Zu fünft fahren wir mitsamt unserem Kleinwerkzeug im Pkw voraus, um Vorbereitungen zu treffen. Als wir dort ankommen, versucht Stefan uns anzumelden. Leider spricht der Zuständige aus der Werkstatt kein deutsch, er weiß aber zu unserem Glück, um was es geht.

Ein erster Blick in den Wagen zeigt, daß sogar noch Gepäcknetze vorhanden sind. Auch sie sind mit Spezialschrauben befestigt, so daß wir einige Mühe mit der Demontage haben. Nicht viel anders ergeht es uns mit den Sitzen. Stefan, Karl, Hans-Jörg und ich zerlegen die guten Stücke, Rasi und Rudi übernehmen den Transport bis auf die Ladefläche des Lkw.

Mittlerweile hat Kollege Karl den Trick beim Flexen heraus: Erst den Heizkörper und dann die Befestigungsschrauben der Sitzgestelle. Als die Sitze endlich alle ausgebaut sind, fällt der Blick auf die Heizungsverkleidungen, die für eine Verschrottung viel zu schade sind. Obwohl der Lkw randvoll ist, läßt sich unser Karl nicht bremsen. Bis kurz vor Betriebs-

schluß im Werk läuft die Flex ohne Ende. Schließlich müssen wir unserem Karl mit dem Abschalten des Stroms klar machen, daß endlich Feierabend ist. Doch Karl stört das nicht, die letzten Schrauben meißelt er kurzerhand ab, man muß schließlich alles mitnehmen!

Während der größte Teil unserer Kollegen die Rückfahrt im Pkw antritt, schleichen wir im Lkw hinterher. Wegen der Zollformalitäten fahren wir diesmal direkt über die deutsch-belgische Grenze bei Aachen. Wenn nur dieser Papierkrieg nicht wäre, und das wegen alter schrottreifer Sitze! Hier ein Papierchen, da ein Papierchen, die anderen Unterlagen zum nächsten Schalter, dann ein Stempel und wieder zurück zur Kasse. Und, – noch ein schöner Stempel zugunsten unserer alten Sitzpolster. Völig entnervt gehts endlich zum deutschen Zoll. Wir geben die Papiere ab, dürfen nochmals bezahlen, und nach zwei Stunden haben wir mit Quittungen und Bescheinigungen in der Tasche endlich wieder die Autobahn unter den Rädern.

Gegen Mitternacht kommen wir hundemüde in Lengerich an. Nun muß noch alles ausgeladen werden. Ich wecke die schon Stunden zuvor eingetroffenen Kollegen im Bauzugwagen etwas unsanft mit lautem Hallo. Sofort geht es an die Arbeit. Endlich, um 2.30 Uhr, sind wir mit dem Einlagern der Polster und den sonstigen ausgebauten Utensilien fertig. Rasi, Karl und Stefan fahren nach Hause, während Hans-Jörg und Michael den Lkw noch wegbringen müssen. Rudi und ich sind völlig fertig. Es dauert nicht lange, bis uns der Tiefschlaf im Bauzugwagen heimgesucht hat. Aber es hat sich gelohnt. Wieder ist die Aufarbeitung von zwei ehemaligen Reichsbahn-Donnerbüchsen einen entscheidenden Schritt vorangekommen."

Kraftvoll und mit viel Rauch und Dampf verläßt die P8 am 27. März 1993 den Bahnhof Brochterbeck in Richtung Lengerich.　　　　　　　　　　　　　　　　　　*Foto: Josef Högemann*

Mit Dampf in den Teutoburger Wald

Betritt man den Bahnsteig im Bahnhof Gütersloh Nord, ist von dem einstmals so lebhaften Betrieb nicht mehr viel zu spüren. Mehr als 15 Jahre sind vergangen, seitdem der letzte planmäßige Personenzug in den TWE-Bahnhof eingefahren ist. Auch im Güterverkehr hat die Bahn in den letzten Jahren empfindliche Rückschläge hinnehmen müssen.

Heute aber, an einem herrlichen Sommertag im Jahr 1992, herrscht wieder Hochbetrieb. Familien mit Kindern, Eisenbahnfreunde aller Altersschichten und vor allem viele ältere Menschen drängen in die alten Wagen des historischen Dampfzugs, der in wenigen Minuten auf die Reise in Richtung Ibbenbüren gehen wird. Vorn an der Zugspitze steht eine alte Dampflok mit der Betriebsnummer 38 1772 zur Abfahrt bereit. Dunkler Rauch quillt aus dem Schlot der Maschine und steigt kerzengerade in den blauen Morgenhimmel. Fasziniert stehen Alt und Jung vor dem Triebwerk der fast 80 Jahre alten Personenzuglok aus preußischer Zeit. Das Zugpersonal hat alle Hände voll zu tun, sie zum Einsteigen zu bewegen. Fahren wir mit!

Ein greller Pfiff des Zugführers gibt das Zeichen zur Abfahrt. Mit einem kräftigen Ruck setzt sich der Zug in Bewegung. Langsam rollen wir zwischen den Rangiergleisen des Bahnhofs Gütersloh Nord hindurch. Auf der rechten Seite steht ein abgestellter Ganzzug mit Stahl, der für die Benteler-Werke in Schloß Neuhaus bei Paderborn bestimmt ist. Nach den letzten Weichen schiebt der Lokführer den Regler auf und es geht hinaus auf die freie Strecke. Mit kraftvollem Abdampfschlag beschleunigt unsere alte Preußin den aus ehemaligen Reichsbahnwagen bestehenden Zug. Nach kurzer Fahrt durch bewohnte Gütersloher Außenbezirke bestimmen Wiesen und Felder das Bild, unterbrochen durch kleine Waldstücke links und rechts der Bahn. Schon nähern wir uns der ehemaligen Haltestelle Blankenhagen. Auf der rechten Seite in Fahrtrichtung gesehen passieren wir eine Gießerei, die früher einmal zu den Kunden der TWE gezählt hat, ihre Produkte heute aber lieber mit dem LkW befördert.

Linkerhand folgt nur wenige hundert Meter weiter die Abzweigstelle zum Militärflugplatz Gütersloh. Hier beginnt ein etwa 2 km langes Anschlußgleis, das in einem Bahnhof innerhalb des Flugplatzgeländes endet. Für die Übergabe von Güterwagen ist ein Nebengleis vorhanden; flott rollt unser Sonderzug soeben über die Weichen. Der Teutoburger Wald, der der Bahn den Namen gab, liegt noch in weiter Ferne. Nur schwach ist der Höhenzug in der dunstigen Morgenluft zu erkennen.

Wir nähern uns dem Ort Marienfeld, dessen sehenswertes Zisterzienserkloster aus dem Jahr 1185 mit der Abteikirche zu einem Besuch einlädt. Der kleine Bahnhof von Marienfeld ist erster Zusteigehalt auf dem Weg nach Ibbenbüren. Der frühere rege Güterumschlag für die Landwirtschaft ist fast vollständig zum Erliegen gekommen; einen Bahnbediensteten gibt es hier schon lange nicht mehr. Das kleine Bahnhofsgebäude wird seit Jahren von einem Imbißbetrieb genutzt.

Kaum hat der Zug Marienfeld verlassen, kündigen große Wohngebiete auf der rechten Seite die „Mähdrescherstadt" Harsewinkel an. Beide Ortschaften sind in den letzten Jahren infolge reger Bautätigkeit eng zusammengewachsen. Der Name „Mähdrescherstadt" steht im Zusammenhang mit dem Landmaschinenhersteller Claas, einem der größten Mähdrescherproduzenten Europas. Diesem Unternehmen hat die Stadt Harsewinkel ihre geradezu rasante Entwicklung zu verdanken. Die Landmaschinenindustrie war und ist aber auch für die Teutoburger Wald-Eisenbahn von Bedeutung. Schon bei der Einfahrt des Zuges in den Bahnhof ist neben dem Empfangsgebäude eine große Laderampe zu erkennen, die viele Jahre für den Landmaschinenversand genutzt wurde. Erst im Jahr 1966 wurde im Bereich des Claas-Betriebsgeländes im Westen der Stadt ein eigener Güterbahnhof errichtet und die alten Anlagen aufgegeben.

Die planmäßige Abfahrtszeit ist längst überschritten, als sich unser Dampfzug wieder in Bewegung setzt. Es dauert eben seine Zeit, bis die vielen Fahrräder unserer Mitreisenden mit System in Gepäck- und Güterwagen verstaut sind. Ordnung muß sein, denn die zweirädrigen Vehikel müssen in Ibbenbüren schließlich ihren Besitzern ohne große Sucherei wieder ausgehändigt werden. Lautstark beweist unsere P8, daß sie noch lange nicht zum alten Eisen gehört. Gern würde der Lokführer der 100 km/h schnellen Lok mal freien Lauf lassen, doch die zahlreichen Bahnübergänge auf der TWE erlauben leider nur eine Höchstgeschwindigkeit von 50 km/h.

Wir passieren die Abzweigstelle zum Claas-Verladebahnhof, dessen Weiche mitsamt den beiden Schutzsignalen vom Bahnhof Harsewinkel aus ferngesteuert wird. Leise wiegen sich die Personenwagen auf dem nicht ganz einwandfreien Oberbau in ihren Federn. Das Anschlußgleis nach Harsewinkel West, so die offizielle Bahnhofsbezeichnung, ist mehr als 3 km lang. Es folgt weitgehend dem kurvenreichen Verlauf des Rhedaer Baches.

Am Rand eines großen Waldgebiets nähert sich der Zug der einstigen Haltestelle Niedick, die schon manchem Dampflokfan als Fotomotiv gedient hat. Früher wurden hier Kartoffeln, Getreide und Dünger umgeschlagen, inzwischen ist das Ladegleis jedoch nicht mehr befahrbar.

Mit Streckenhöchstgeschwindigkeit erreicht der Dampfzug die Niederungen des Versmolder Bruchgebiets. Saftig-grüne Wiesen mit seltenen Tier- und Pflanzenarten bestimmen das Bild. Die Umwandlung in ein Naturschutzgebiet vor gut zehn Jahren war ein wirkungsvoller Schritt zum Erhalt dieses Feuchtgebiets, und so sollten auch Wanderer die freigegebenen Wege nicht verlassen, um der Natur eine Chance zu geben.

Die Stadt Versmold ist als nächster Halt im Fahrplan verzeichnet. Urkundlich wurde dieser Ort erstmals um 1070 erwähnt, obwohl Bodenfunde auf eine frühgeschichtliche Siedlung hinweisen. Seit 1277 gehörte Versmold zum Herrschaftsbereich der Grafen von Ravensberg und wurde 1719 zur Stadt erhoben. Die Stadt entwickelte sich rasch zu einem Mittelpunkt des Leinenhandels. Später prägten zahlreiche Wurstfabriken das Bild (Stadt der westfälischen Dauerwurst). Für die

Überführungsfahrt des Dampfzuges von Lengerich nach Gütersloh im August 1992, aufgenommen bei Blankenhagen.
Foto: Josef Högemann

Teutoburger Wald-Eisenbahn haben diese Betriebe jedoch kaum Bedeutung, werden die leicht verderblichen Waren doch in der Regel mit Lkw befördert. Für die heutigen Verhältnisse sind die im Stadtzentrum liegenden Bahnhofsanlagen etwas zu groß dimensioniert. Lediglich eine Kronkorkenfabrik und ein Kühlhaus bedienen sich noch regelmäßig der Schiene. Dem Reisenden wird der alte Lokschuppen auf der rechten Zugseite nicht verborgen bleiben. Hier nächtigte noch in den 50er Jahren die Lok des letzten Spätzugs aus Gütersloh.

Auf dem Weg in Richtung Bad Laer nähert sich die Bahnlinie allmählich den Höhenzügen des Teutoburger Waldes. Noch immer bestimmt die Landwirtschaft das Bild. Bald folgt die frühere Haltestelle Müschen, die ähnlich wie Niedick heute keinerlei Bedeutung mehr hat. Wenig später muß sich das Dampfroß erstmals kräftig anstrengen, um den langen Zug über einen dem Teutoburger Wald vorgelagerten Landrücken zu ziehen. Die maximalen Neigungsverhältnisse liegen in diesem Bereich bei 1:100.

Bad Laer zählt zu den traditionellen Badeorten im nördlichen Teutoburger Wald. Die heilsame Wirkung der im Jahr 1620 entdeckten Solequelle ist weit über die Grenzen des Münsterlandes hinaus bekannt geworden. Der beschauliche Bahnhof hat rein ländlichen Charakter. Signalanlagen wie in Gütersloh, Harsewinkel, Versmold, Iburg, Lengerich und Brochterbeck hat es hier nie gegeben, dafür war die Station zu unbedeutend. Das Güteraufkommen ist in den letzten Jahren weitgehend zum Erliegen gekommen, nur noch selten verirrt sich einmal ein Güterwagen auf das Ladegleis. Ähnlich wie auf anderen TWE-Bahnhöfen werden die Gleise in Bad Laer gelegentlich zum Abstellen vorübergehend nicht benötigter Kesselwagen genutzt.

Nördlich von Bad Laer verändert sich das Landschaftsbild stetig. Größere Waldgebiete verdrängen hier die Landwirt-

Wohlige Wärme bei Wind und Wetter

Wildwasserbach • Wasserfälle
Liege-Inseln mit Wasserperlung

Öffnungszeiten:
werktags 7.00 - 21.00 Uhr
samstags, sonn- u. feiertags
7.00 - 18.00 Uhr

Bitte neuen Prospekt anfordern!

32°

Sole-Therapiebad

im Kurmittelhaus
BAD LAER

Remseder Straße 5 · 49196 Bad Laer
Telefon 0 54 24 / 808 - 860

Staatlich
anerkannter
Erholungsort
Lienen

das angenehme
Urlaubsziel für
die ganze Familie

Fremdenverkehrsamt Lienen
Touristeninformation / Zentrale Zimmervermietung
Diekesdamm 1, 49536 Lienen, Tel. 0 54 83/89-10

TECKLENBURGER LAND

Grüße vom Balkon des Münsterlandes

☐ Urlaubsmagazin
☐ Radwandern
☐ Spielplan Freilichtbühne
☐ Faltblatt „Straße der 1000 Oldtimer"
☐ Dampflokfahrten

TECKLENBURGER LAND

Touristinformation
Meesenhof 5
49545 Tecklenburg
☎ 0 54 82 - 7 08 10
Fax 0 54 82 - 7 08 88

V D R

FRITZ RODATZ GMBH

- Versicherungsdienst Rodatz -

Spaldingstraße 74, 20097 Hamburg
Telefon: 040/231393 . Telefax: 040/231928

Spezialisierten Versicherungsschutz bieten wir für Eisenbahnvereine, Eisenbahnmuseen, Museumsbahnen, Feld- und Touristikbahnen, Modellbahnvereinigungen sowie Technikmuseen und Sammlungen. Absicherungen von Funkenflug, Entgleisen, Abschleppen und Maschinenbruch.

Zusätzlich bieten wir Versicherungsschutz für allgemeine Versicherungen mit computergestützen Analysen im Vergleich mit allen Gesellschaften am Markt - speziell private Renten- und Krankenversicherungen sowie Pflegekostenversicherungen. Selbstverständlich versichern wir auch Hausrat, Gebäude und Haftpflicht.

Wenden Sie sich vertrauensvoll an uns.

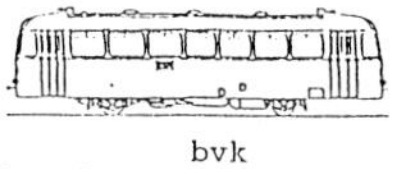

bvk
Mitglied im Bundesverband
Deutscher Versicherungskaufleute

VERKEHRSAMT DER STADT LENGERICH

Immer etwas Neues!
Freizeit und Erholung in Lengerich auf der Sonnenterrasse des Teutoburger Waldes. BAB A1 Abfahrt Lengerich/Tecklenburg.
Viele Sehenswürdigkeiten.
Freizeitangebote: Radwandern, Planwagenfahrten, Dampflockfahrten mit dem "Teuto-Express", drei Campingplätze mit Badeseen, Surfen, Hallen- und Freibad. **Bitte Prospekt anfordern !**

Rathausplatz 1, 49525 Lengerich
Tel. 05481 - 82422

Modelleisenbahnen zu Dauerniedrigpreisen!

Wir haben das große Programm!
Grevens großes Fachgeschäft

Karnbrock

Königstraße 6/Ecke Münsterstraße
Telefon 0 25 71/33 67

Mitten in der City – direkt am Parkdeck

DER RICHTIGE TIP FÜR DEN KURZEN TRIP
FREIZEIT IN IBBENBÜREN

Sommerrodelbahn mit Märchenwald
Wellenhallenbad
Motorradmuseum
Naturdenkmal –
Dörenther Klippen
Botanischer Garten
Automuseum
Asee-Segeln
Kletterschule
Freizeithof

LEBENSWERTES IBBENBÜREN Verkehrsverein Ibbenbüren e. V. · Alte Münsterstr. 16 · 4530 Ibbenbüren · Tel. 05451/53113

schaft. In kurvenreicher Fahrt geht es dem Höhenzug des Teutoburger Walds entgegen. Vor uns liegt die Kulisse der Iburg mit dem überragenden 331 m hohen Dörenberg. Die Iburg ist als Wiege der „Mutter der Könige von Preußen", Sophie Charlotte, Tochter des Fürstenbischofs Ernst-August von Braunschweig und dessen Gemahlin, Sophie von der Pfalz, bekannt. Die Burg wurde im 11. Jahrhundert gebaut und mit einem Kloster verbunden. Vor der Schloßanlage befindet sich ein Turnierplatz, die sogenannte Klotzbahn. Der 1656 entstandene Rittersaal zeigt eines der ersten perspektivischen Deckenbilder in Deutschland. Das Benediktinerkloster stammt aus den Jahren 1751-53. Sehenswert ist auch die Klosterkapelle aus den Jahren 1665-76.

Lautstark zieht die Dampflok ihre Wagenlast über einen langen und hohen Bahndamm, bevor der Zug nach wenigen hundert Metern am Bahnsteig des Iburger Bahnhofs zum Stehen kommt. Die gepflegte, weit abseits vom Ortskern gelegene Bahnstation ist mit 112,35 m über Seehöhe, der höchste Punkt der TWE-Strecke. Zur Dampflokzeit wurde hier häufig Wasser genommen. Leider sind die beiden massiven Wasserkräne an beiden Bahnhofsenden vor Jahren entfernt worden. Das für die Wasserversorgung notwendige Speicherbecken befand sich im linken Teil des Empfangsgebäudes. Später wurden hier Wohnungen eingerichtet.

Kurz nach der Ausfahrt aus dem Bahnhof Iburg geht es mit geschlossenem Regler bergab. Bis zum nachfolgenden Bahnhof Lienen fällt das Streckengleis um mehr als 25 m. Wieder bestimmt die Landwirtschaft das Bild; der Wald hat sich auf die Erhebungen nördlich der Bahnlinie zurückgezogen.

Die kleine Bahnstation Lienen hat ihren ländlichen Charakter bis in die heutige Zeit bewahren können. Das beschauliche Stationsgebäude, der hölzerne Bahnsteig und ein völlig verkrautetes Ladegleis atmen pure Kleinbahnatmosphäre aus, auch wenn die TWE seit jeher als Nebenbahn konzessioniert ist; sie gehörte zweifellos schon immer zu den „Besseren", wie Verkehrsaufkommen, Triebfahrzeuge und Bahnanlagen auch heute noch dokumentieren. Der kurze Halt in Lienen wird von manchem Mitreisenden für ein schnelles Foto vom Dampfzug genutzt und wieder vergehen Minuten, bevor der Zugführer den Pfiff zur Weiterfahrt geben kann.

Auf stellenweise recht unebenem Gleis rollt die Wagenschlange dem nächsten Halt in Lengerich-Hohne entgegen. Die Wagen knirschen schaukelnd in den Federn – na ja, es ist eben nur eine Güterzugstrecke, da kommt es bei der Gleislage nicht auf den Millimeter an. Soeben passieren wir den ehemaligen Bahnhof Höste, wo zwei Schüttgutwagen mit Kohle auf dem Ladegleis zur Entladung bereitstehen. Früher gab es rechts neben der Bahn ein Kalkwerk mit Bahnanschluß. Die Radien waren teilweise derart eng, daß der Verschub nur mit Hilfe von Seilwinden möglich war. Weiter oben erkennt man einen riesigen Steinbruch, der von der Firma Dyckerhoff in Lengerich betrieben wird. Das hier gebrochene Gestein wird für die Zementproduktion benötigt und muß zum Leidwesen der Anliegerorte per Lkw über öffentliche Straßen ins Werk gefahren werden.

Das Lengericher Zementwerk liegt direkt gegenüber des Werkstattbereiches der TWE, den wir soeben auf einem hohen Bahndamm umfahren. Hier werden die Triebfahrzeuge der TWE unterhalten und auch Reparaturleistungen für fremde Bahnen ausgeführt. Lengerich-Hohne ist ferner Standort unseres Vereins „Eisenbahn-Tradition". Hier wird unser gesamter Fahrzeugpark unterhalten und es werden notwendige Reparaturen durchgeführt. Direkt hinter dem Lokschuppen überquert der Zug die elektrifizierte Strecke Münster – Hamburg. Ein langer Kesselwagenganzzug fährt soeben unter uns hindurch in Richtung Osnabrück.

Der frühere Personenbahnhof Lengerich-Hohne liegt direkt gegenüber des Empfangsgebäudes der Hauptbahn. Mit knirschenden Bremsen kommt der Dampfzug zum Stehen. Obwohl fast alle Wagen bis auf den letzten Platz besetzt sind, gibt es selbst hier, kurz vor dem Ziel unserer Reise, noch immer Fahrgäste, die Dampflokatmosphäre einatmen möchten.

Die Bahnlinie führt nun für einige Kilometer durch Lengericher Stadtgebiet. Wenig später zweigt das Industriestammgleis der Stadt Lengerich nach links aus dem Hauptgleis ab, um nach gut 1 km Länge im Süden der Stadt zu enden. Das Anschlußgleis wie auch der folgende Bahnhof Lengerich-Stadt haben viel von ihrer früheren Bedeutung verloren. Die Industrieunternehmen befördern ihre Güter heute weitgehend mit dem Lastkraftwagen.

Schon bald nach Verlassen des Bahnhofs Lengerich werden auf der rechten Seite Reste eines großen Steinbruchs sichtbar. Längst verschwundene Kalkwerke brannten den Kalk an Ort und Stelle und hatten für die TWE eine große Bedeutung. Blickt man nach rechts aus dem Fenster, so werden dem Beobachter die Trassen der früheren Anschlußgleise nicht verborgen bleiben. Früher gab es hier sogar eine nichtöffentliche Haltestelle, dessen verfallene Bahnsteigkante bis heute erhalten geblieben ist.

In kurvenreicher Streckenführung rollen wir mit einem herrlichen Blick auf das flache Münsterland in Richtung Tecklen-

*Der „Nikolauszug"
nach Ibbenbüren
am 3. 12. 1983 auf dem
Überführungsbauwerk
der Bundesbahnstrecke
Osnabrück – Münster
in Lengerich.
Foto: Josef Högemann*

burg. Wenige hundert Meter vor Erreichen des dortigen Bahnhofs liegen links und rechts der Bahn große Fischteiche. Direkt im Anschluß daran ist auf der linken Seite die bekannte Wasserburg Haus Marck zu sehen, die vor allem wegen ihres sehenswerten Rittersaals bekannt ist. Das alte Stadthaus der Burg ist ein Fachwerkbau aus dem 18. Jahrhundert und dient heute als Museum.

Hoch über den Gleisanlagen des Tecklenburger Bahnhofs künden Reste einer mittelalterlichen Burg von der bewegten Vergangenheit der alten Kreisstadt. Urkundlich wurde Tecklenburg erstmals um 1100 erwähnt. Im 14. Jahrhundert erhielt der Ort Stadtrecht. Tecklenburg war im Mittelalter Sitz der mächtigen Grafen von Tecklenburg. Die im 16. und 17. Jahrhundert ausgebaute Burg verfiel nach 1729 und dient heute als historische Kulisse für das Freilichttheater, das alljährlich Tau-

sende in die alte Kreisstadt lockt. Die Freilichtbühne, die engen, malerischen Gassen der hübschen Altstadt und ausgedehnte Wandermöglichkeiten laden immer wieder zu einem Besuch ein. Zu Zeiten des Schienenpersonenverkehrs hatte der Bahnhof Tecklenburg für den Ausflugsverkehr große Bedeutung. Heute, mehr als 25 Jahre nach Aufgabe des Personenverkehrs, sorgen die historischen Dampfzüge zumindest an bestimmten Sommertagen wieder für Leben auf dem inzwischen leider heruntergekommenen Bahnhof.

Direkt nach der Anfahrt in Tecklenburg muß sich unsere P8 kräftig anstrengen, um den Zug auf der anschließenden Steigung in Fahrt zu bringen. Schwarzer Qualm schießt aus dem Kamin der Lok in den blauen Sommerhimmel. In einem weiten Tal abseits der Durchgangsstraßen quält sich die Maschine mit ihrer Wagenschlange durch die engen Gleisbögen.

Hier beginnt der landschaftlich schönste Teil der Teutoburger Wald-Eisenbahn. Mal durch dichten Wald, mal zwischen grünen Wiesen hindurch geht es dem nächsten Halt entgegen. Nach gut 2.500 m langer Steigung folgt ein ebenso kurvenreiches Gefälle, welches erst im Bahnhof Brochterbeck endet.

Die Abzweigstation Brochterbeck war für die TWE in früheren Jahren ein wichtiger Bahnhof, beginnt hier doch die 7,2 km lange Strecke zum Hafen Saerbeck am Dortmund-Ems-Kanal. Blickt der Reisende bei der Ausfahrt aus dem Bahnhof nach links aus dem Fenster, kann die Streckenführung der Hafenstrecke um den Ort Brochterbeck herum gut nachvollzogen werden. Am Hafen Saerbeck herrschte lange Zeit ein reger Kohleumschlag der Ibbenbürener Zeche, doch auch Zement, Dünger und Getreide wurde dort in großen Mengen verladen.

Vor dem Kirchturm von Glane dampft die 38 1772 am 27.3.1993 in Richtung Gütersloh. Foto: Josef Högemann

Inzwischen ist es in Brochterbeck still geworden. Das Bahnhofsgebäude steht zum Abriß an, während die alte Wasserstation auf der gegenüberliegenden Seite langsam verfällt.

Hinter Brochterbeck führt das Gleis bergab. Dem nach Norden hin auslaufenden Höhenzügen des Teutoburger Waldes folgt die Bahn noch eine Weile, bevor wieder die Landwirtschaft das Bild bestimmt. Linkerhand ist eine Stärkefabrik zu sehen, die einmal zu den guten Kunden der TWE gehörte. In Höhe der folgenden Straßenkreuzung bestand bis zur Aufgabe des Personenverkehrs die Haltestelle Bocketal. Der Bahnsteig lag auf der rechten Seite und ist heute ebenso wie das Ladegleis nicht mehr vorhanden.

Nördlich der aufgelassenen Haltestelle fällt die Bahnlinie mit einer Neigung bis 1:80 ab. Die Waldflächen nehmen ab, Wiesen und Felder begleiten die Bahn auf ihren letzten Kilometern. Hoch über der Stadt Ibbenbüren sind schon von Ferne die Förderanlagen der Steinkohlengruben auf dem Schafberg sichtbar. Die Preussag betreibt im nördlichen Tecklenburger Land umfangreichen Bergbau. Ein modernes Kohlekraftwerk soll auch in Zukunft helfen, die Arbeitsplätze der „Kumpel" zu sichern.

Der Dampfzug rollt an den Bahnsteig der Ibbenbürener Freizeitanlage Aasee, dem Endpunkt unserer Reise. Eine wahre Menschenlawine strömt aus den Personenwagen und verteilt sich im gesamten Gelände. Bereitstehende Pendelbusse laden zur Nutzung der umliegenden Freizeitangebote, wie Sommerrodelbahn und Dörenther Klippen, ein. Die nächsten dreieinhalb Stunden stehen zur persönlichen Freizeitgestaltung zur Verfügung. Erst am Nachmittag geht es wieder zurück nach Gütersloh. Der Dampfzug fährt währenddessen einige hundert Meter weiter bis Ibbenbüren-Ost, den nördlichen Endpunkt der TWE. Hier wird die Lok für die Rückfahrt an das andere Zugende gesetzt.

Das alljährliche Fahrtenangebot der „Eisenbahn-Tradition" sieht in der Regel vier sonntägliche Fahrtermine von Gütersloh nach Ibbenbüren vor, während der sonnabendliche Pendelverkehr zwischen Laer und Ibbenbüren an sechs Tagen stattfindet. Hinzu kommen ein bis zwei sonntägliche Zugpaare von Ibbenbüren nach Gütersloh. Nicht vergessen werden sollen die jährlichen Nikolausfahrten für Kinder, die jeweils im Dezember zwischen Laer und Ibbenbüren sowie Gütersloh Nord und Hövelhof stattfinden. Selbstverständlich kann der Zug jederzeit von Vereinen, Firmen oder auch Privatpersonen gechartert werden.

Eisenbahnbücher aus dem Verlag Kenning

Hermann-Löns-Weg 4, D-48527 Nordhorn, Tel. 05921/76996 - Fax 05921/77958

Eisenbahnen im mittleren Ruhrgebiet
112 Seiten 21/30 cm gebunden, 25 Farb-, 155 SW-Fotos, 17 Zeichnungen, DM 48,-

In Bochum, Gelsenkirchen, Herne, Wanne-Eickel und Wattenscheid entstand durch die Ausweitung des Bergbaues ein dichtes Eisenbahnnetz, das noch etwa in vollem Umfang existiert.

Eisenbahn Gelsenkirchen-Bismarck – Winterswijk
96 Seiten 21/30 cm gebunden, 17 Farb-, 107 SW-Fotos, 38 Zeichnungen, DM 44,-

Eine wechselvolle Geschichte weist die ehemalige Niederländisch-Westfälische Eisenbahn auf, die einst für durchgehende Reise- und Güterzüge bedeutsam war, heute jedoch nur noch lokalen Charakter hat. In lebendiger Form werden hier die hochinteressanten Bahnanlagen, Beförderungsleistungen und Lebensabschnitte nachvollzogen.

150 Jahre Eisenbahn Bonn – Köln
96 Seiten 21/21 cm gebunden, 8 Farb-, 80 SW-Fotos, 45 Zeichnungen, DM 34,80

Die traditionsreiche DB-Strecke Bonn – Köln, die als „Bonn-Cölner Eisenbahn" entstanden ist, gehört heute zur linken Rheinstrecke und weist markante Stationen (wie Köln Hbf, Bonn, Brühl und Köln-Gereon) auf.

Schmalspurbahn Wolkenstein – Jöhstadt
112 Seiten 21/30 cm gebunden, 149 Fotos, 45 Zeichnungen, DM 39,80

Im Erzgebirge bestand bis 1986 eine typisch-sächsische Schmalspurbahn, die stets mit Dampflokomotiven betrieben wurde.

Die Weißeritztalbahn
152 Seiten 21/30 cm gebunden, 16 Farb-, 225 SW-Fotos, 46 Zeichnungen, DM 56,-

Zwischen Freital-Hainsberg und dem Kurort Kipsdorf führt noch heute eine landschaftlich, historisch und betrieblich überaus interessante Schmalspurbahn ins Erzgebirge. In aufwendiger Form werden hier die vielfältigen Aspekte der Bahngeschichte dargestellt.

Die Windbergbahn
96 Seiten 21/30 cm gebunden, 115 Fotos, 90 Zeichnungen, DM 39,80

Nur 13,5 km lang war die vor den Toren Dresdens gelegene einzigartige Windbergbahn, die als älteste deutsche Regelspurgebirgsbahn und zugleich als technisches Meisterwerk des sächsischen Eisenbahnbaues gilt.

Die Delitzscher Kleinbahn
76 Seiten 21/21 cm kartoniert, 59 Fotos, 43 Zeichnungen, DM 22,80

Diese nördlich von Leipzig gelegene Kleinbahn führte fast ringförmig von Krensitz über Rackwitz nach Delitzsch und bestimmte 1901-72 das Leben in dieser Region.

Privatbahnen in der Grafschaft Hoya
112 Seiten 21/21 cm gebunden, 22 Farb-, 110 SW-Fotos, jetzt DM 29,80

Faszinierende Kleinbahnen waren die Hoyaer Eisenbahn und die meterspurige Hoya-Syke-Asendorfer Eisenbahn, die 1963 in die Verkehrsbetriebe Grafschaft Hoya übergingen. Die Museumsbahn Bruchhausen-Vilsen – Asendorf erinnert heute an die Schmalspurzeit.

Schmalspurbahn Mosbach – Mudau
96 Seiten 21/21 cm gebunden, 14 Farb-, 90 SW-Fotos, 25 Zeichnungen, DM 34,80

Im Odenwald verkehrte 1905-73 die meterspurige Nebenbahn Mosbach – Mudau mit ihren typischen 3-achsigen Tenderloks und einem vielfältigen Wagenpark.

Die St. Andreasberger Zahnradbahn
84 Seiten 21/21 cm gebunden, 72 Fotos, 25 Zeichnungen, DM 29,80

Die steilste normalspurige dampfbetriebene Zahnradbahn erschloß ein beliebtes Erholungsgebiet im Oberharz. Mit fünf Fahrzeugen wurde der Verkehr auf der 1,7 km langen Strecke, die einen Höhenunterschied von 169 m überwand, während der 46-jährigen Betriebszeit bewältigt.

Die Meppen-Haselünner Eisenbahn
96 Seiten 21/21 cm gebunden, 11 Farb-, 113 SW-Fotos, 41 Zeichnungen, DM 34,80

Die 100-jährige MHE hat eine bewegte Vergangenheit. Mit ihrem bescheidenen Fahrzeugpark stellt sie seit jeher einen wichtigen Verkehrsträger im mittleren Emsland dar.

Die Kleinbahn Ihrhove-Westrhauderfehn
84 Seiten 21/21 cm gebunden, 61 Fotos, 27 Zeichnungen, DM 29,80

Im südlichen Ostfriesland bestand früher eine unscheinbare Kleinbahn, die stets am Rand des Existenzminimums kämpfte und entsprechend einfache, jedoch interessante Fahrzeuge und Bahnanlagen besaß.

Die Plettenberger Kleinbahn
84 Seiten 21/21 cm gebunden, 107 Fotos, 26 Zeichnungen, DM 29,80

Von der Ruhr-Sieg-Strecke ausgehend entstand 1885-96 eine Meterspurbahn zur Stadt Plettenberg und zu den Industriebetrieben des Else- und Oestertals, die „straßenbahnmäßig" mit Kastendampflokomotiven betrieben wurde.

Die Märkische Museums-Eisenbahn
48 Seiten 21/21 cm geheftet, 53 Fotos, 32 Zeichnungen, DM 12,80

Die Entstehung und die über 60 Fahrzeuge der schmalspurigen Museumsbahn Plettenberg-Stahl – Hüinghausen werden hier übersichtlich dargestellt.

Eisenbahn Altenbeken – Nordhausen
136 Seiten 21/30 cm gebunden, 17 Farb-, 160 SW-Fotos, 49 Zeichnungen, DM 48,-

Die Fernbahn Altenbeken – Ottbergen – Northeim – Nordhausen stellte früher eine wichtige Verbindung zwischen dem Ruhrgebiet und Mitteldeutschland dar. Unvergessen sind die Dampflokeinsätze am Vorharz, im Solling und im Weserbergland.

Die Bentheimer Eisenbahn
VHS-Video, 60 Minuten, mit 32-seitigem Begleitheft, DM 59,-

Einmalige Farb- und SW-Filme aus den 60er Jahren führen uns zurück in eine vergangene Nebenbahnepoche. Eindrucksvoll wird auch die heutige BE dokumentiert.

Jahrbuch Schienenverkehr Nr. 13
ca. 144 Seiten 17/24 cm kartoniert, ca. 150 Fotos, ca. DM 38,- (in Vorbereitung)

In bewährter Weise erscheint die 13. Ausgabe des kompakten Nachschlagewerks über das Geschehen auf Deutschlands Schienen im Jahr 1993.